그 들판에서 하프 소리 들린다

월산시동인지

그 들판에서 하프 소리 들린다
동인 9인 시와 산문집

제1쇄 인쇄 2023. 9. 20
제1쇄 발행 2023. 9. 25

지은이 김성준 김윤태 김의진 김지유 윤영돈
　　　　이한센 이향연 임하초 한나나
엮은이 월산시동인회
펴낸곳 인문학사

등록번호 제 2023-000035
서울시 종로구 종로19 르메이에르 종로타운 1030호(종로1가)
전화 : 02-742-5218

ISBN 979-11-983214-8-0 (03800)

ⓒ인문학사, 2023
Printed in Seoul, Korea

*잘못 만들어진 책은 본사나 구입하신 서점에서 교환하여드립니다.
*이 책은 저작권법에 의해 보호받는 저작물이므로 저작자와 출판사의 서면동의 없이는
　무단 전재와 무단복제를 금합니다.

동인들의 말

고향은 돌아보면 슬프고, 배고프고, 힘들고, 눈물 많고, 어두운 곳이지만 어둠에 달이 뜨면 길을 찾듯 부모는 자식들 공부시켜 집안의 희망을 갖고자 온 힘을 다한 곳이 고향이라고 월산은 강조하셨습니다. 어느 세계든 다 달이 뜨듯 고향 문학은 보편적인 문학으로 누구나 쓰는 문학입니다. 또한 글이란 인간의 가치를 드러내야 하며, 인간 존엄성이 아주 중요합니다. 따라서 문학정신은 인격이 글이 되어야 한다고도 하셨습니다.

월산의 '고향문학'이란 '원체험 공간의 글'로, 이것은 '뿌리'라고 말할 수 있습니다. 부모 형제와 함께 한 시간은 누구나 다 가지고 있어서 원체험 공간에서 체험한 사랑과 수고가 인간 삶의 원동력인데, 옹달샘같이 순수하고 마르지 않은 체험 공간에 뿌리를 내리고 문학을 한다는 것입니다. 나무는 뿌리에 달려있어 생존하듯 사람은 고향의 원체험 공간에 마음을 두고 사는 것이므로 언제라도 고향, 부모님에 대한 글이 문학이 됩니다. 부모님의 헌신과 사랑을 되새기며 희망의 메시지를 담은 글을 모아서 월산시동인회 첫 작품집을 냅니다. 읽는 분들도 비단길로 걸어서 고향을 다녀와서, 함께 힘차게 살아가기를 기원합니다.

2023년 9월
월산시동인회 동인

월산시동인지

그 들판에서 하프 소리 들린다

동인 9인 시와 산문집

지은이
김성준 김윤태 김의진
김지유 윤영돈 이한센
이향연 임하초 한나나

엮은이
월산시동인회

인문학사

월산시동인회에 대해서

'월산시동인회'의 출발은 '월산문학회'이다. 2014년 월산께서 '소월문학상'을 수상하는 수상식에 참석한 후, 뜻을 같이하는 분들이 모여 월산문학정신을 잇자는 데 의견을 모아 구성된 모임이 '월산문학회'이다.

그 후 교회생활 틈틈이 문학활동을 하기 시작했다. 그래서 월산의 문학강의를 들으면서 문학적 기반을 다지며 두 권의 동인지를 내기도 하였다.

그러나 월산문학회를 지속할 수 없게 된 사정이 생겼다. 이것이 아쉬워, 서울시인협회와 '월간시'와 '월간시인'을 통해 등단한 시인들만이라도 고향문학을 구현하는 동인회를 하기로 하여 '월산시동인회'를 구성하게 되었다.

때마침 서울시인협회의 테마시 사회집 〈우리동네〉 출간에 참여하면서, 월산시동인회 동인지 제1집도 고향을 주제로 한 시와 산문집을 내기로 결정하였다. 이는 평소 월산께서 주창하신 '고향문학'을 추구하는 바람직한 작업이기도 하다.

부모 형제와 가장 행복하게 살던 곳이 '고향'이라는 정의를 월산의 문학강의를 통해 듣던 날, 내 고향이 어디인가에 대한 고민은 해결되었다. 이렇게 아름다운 고향을 비단결처럼 아름답게 표현해야 된다는 말씀도 들었다. 내 고향을 과장되게 아름답게 그려도 과하지 않은 것은, 부모님의 사랑과 헌신이 얼마나 컸는지를 살면서 더 가슴 저리게 알기 때문이다.

월산시동인회의 첫걸음이 조심스럽고 기쁘다. 앞으로 월산의 '고향문학'을 아는 등단 시인들이 계속 늘어나는 한 월산시동인회의 동인지 활동은 지속되리라 여겨지며, 이를 통해 동인들의 문학도 많은 발전이 있을 것이라고 기대한다.

2023년 9월
월산시동인회 동인을 대표하여
임하초

contents

동인들의 말 ──── 3
월산시동인회에 대해서 ──── 6

poem

김성준 · 달과 별은 유난히 빛났다 ──── 10
김윤태 · 미아리에게 ──── 24
김의진 · 봉지 쌀과 참기름 한 병 ──── 38
김지유 · 목포의 설움 ──── 50
윤영돈 · 오냐, 내 새끼 ──── 64
이한센 · 그 시절 그 동네 ──── 78
이향연 · 엄마의 숲 ──── 90
임하초 · 헐렁한 바지 ──── 104
한나나 · 할머니 흰 고무신 한 켤레 ──── 118

essay

야반도주 · 김성준 ──── 22
판잣집 · 김윤태 ──── 36
시장 풍경 · 김의진 ──── 47
초승달 · 김지유 ──── 62
가족의 탄생 · 윤영돈 ──── 76
누렁이 · 이한센 ──── 87
개구리들의 합창소리 · 이향연 ──── 102
단감의 첫 맛 · 임하초 ──── 116
고추장 · 한나나 ──── 130

김성준

서울시인협회 양양 여름시인학교 수료
'월간시' 제35회 '추천시인상'으로 등단(2023)
현재 우주상사 대표
kimsoungjoon@naver.com

내 고향 방산 계곡
찰옥수수
까만 메주
맷돌
어머니의 아침
노란 바나나
달과 별은 유난히 빛났다
연이
재래식 화장실
귀신 바위

ESSAY - 야반도주

message

나의 고향은 호적상으로는, 강원도 양구군 방산면 송현리이고, 마음의 고향은 아버지, 어머니, 형제, 자매들이다. 그곳과 그들 가운데서 만들어진 가장 의미 있는 일은, 나를 이루는 과거의 조각들이 모여서 현재를 이루고, 미래를 만들어가는 기준이 되어 인생길을 간다는 것이다. 나의 진정한 고향은, 마음의 안식과 평안함을 주는 송현리와 가족. 그곳은 결국은 지금까지 나를 자라나게 한 자아 형성의 공간인 것이다. 그래서 늘 고향, 가족 생각을 하면서 희망을 갖는다. 고향에 대한 향수를 담아 희망의 시를 써 보았다. 내가 아프고 힘들 때 쓴 시는, 나를 위로하는 치유의 시가 된다. 다른 이들도 이 시를 통해 공감하고, 치유의 경험을 가지면 좋겠다.

내 고향 방산 계곡

진한 초록빛으로 둘러싸인 산
새소리 메아리로 울려 퍼지는
내 고향 강원도 양구군 방산면 송현리

아침 물안개 피어오르고
맑은 물소리 끊이지 않는
그리운 내 고향 방산 계곡

흐르는 물살에 고무신 한 짝 떠내려가고
둥실둥실 떠내려가는 내 고무신 한 짝
어린 눈으로 멍하니 바라보고만 있다

함께 놀던 우리 형 화들짝 놀라
거친 물살 헤엄쳐 고무신 한 짝 잡아들고
다른 한 손 나를 보고 손 흔들며 해맑게 웃는다

맑은 계곡 물속 호박돌 들춰보면
민물 가재 깜짝 놀라 도망치고
콜라병엔 송사리 가득하다
어린 시절 추억 가득한 내 고향 방산 계곡
지금은 어떻게 변했을까
그 시절 형과 나의 놀이터 그립다
내 고향 방산 계곡

찰옥수수

영롱한 풀벌레 소리 들리는
달빛 고운 여름밤
넓은 마당 모깃불 가득 피워놓고
아홉 식구 대청마루 옹기종기 모여앉아
도란도란 이야기꽃을 피운다

뜨끈뜨끈 김이 모락모락
가마솥 방금 쪄낸 달콤한 찰옥수수
소쿠리 한가득 쏟아 놓으니
서로 큰 것 잡겠다고 분주하다
금방 바닥이 보이고

어쩐지 아쉬움에 찰옥수수 속대 쪽쪽 빨면
달콤한 국물 어찌나 맛나던지
찰옥수수 더 있냐고 어머니께 물으니 고개 절레절레
아, 그 옛날 달빛 아래서 먹던 찰옥수수 그립다

까만 메주

어린 시절 우리 집 처마 밑
주렁주렁 매달린 까만 벽돌
다섯 살 나의 눈에 보인 까만 벽돌은
냄새나고 못생겼다

엄마 왜 벽돌을 처마 밑에 매달아 놨어?
미소 띤 어머니는
이건 콩을 절구에 찌어서 만든 메주란다
이것으로 된장도 만들고 간장도 만들지

그렇구나 하고 고개를 끄덕였다
다섯 살 나의 눈에 보인 까만 메주는
그저 까맣고 못생긴 냄새 나는 벽돌
지금 다시 생각해 봐도 그냥 까만 벽돌

맷돌

드르 드르륵
드르 드르륵
어머니는 마루에 앉아 맷돌을 돌린다
맷손을 잡고 힘껏 돌리고 또 돌린다

가족을 위해 시원한 콩국수 저녁 먹이려고
거친 손아귀에 힘을 잔뜩 실어
어린 아들과 눈을 맞추고 애써 미소 지으며
맷돌을 돌린다

한참을 맷돌을 돌리고 쉴 법도 한데
어머니는 이마에 흐르는 비지땀 닦으시고
갈증이 나셨는지 플라스틱 바가지에
펌프 물 가득 떠 잡수시고 또 맷돌을 돌린다

잔뜩 불린 콩 한 국자 넣고
힘을 다해 맷돌을 돌리는 어머니
경쾌한 맷돌 소리에 흘러넘치는 콩물은
어머니의 땀과 희생 그리고 사랑

어미의 땀과 희생 사랑 기억할까
때가 되면 그 사랑 깨달을 날이 오겠지
그때가 늦어지지 않으면 좋으련만
어머니의 노파심과 달리
가족은 그 사랑 먹고 힘을 낸다

어머니의 아침

80년대 넓은 논바닥 흙밭 사이로
파가 무성하고
물안개로 가득한 잠실의 아침 풍경
동이 트면 청아한 아침을 여는
작은 새들의 대화 창가에 들려오고
누이들의 티격태격 하루가 시작된다

듬성듬성 작은 집들 자리 잡고
다른 모습으로 아침을 여는 분주함
아침이면 집마다 시끌시끌

서둘러 출근하시는 아버지
학교 가는 누이들 아침밥 챙기고
헝클어진 어머니는 마음을 추스르고
그제야 아침을 드신다

안개 자욱하고 고단한 잠실의 아침
어머니가 선물해주신 따뜻한 아침이 있어
자식들 미래가 밝아온다

땅이랑 땅이랑
손수레 두부 장수 종소리
고요한 잠실 아침을 깨운다

두부 사세요 두부가 왔어요
방금 나온 따끈따끈한 두부
어머니는 두부 장수 놓칠까 서둘러
나가신다
분주한 손길로 차려진 어머니의 밥상
두부조림 콩자반 우거지된장국

노란 바나나

철부지 어린 나
아버지 손 꼭 잡고 나들이 간다
어린 막내아들 귀여워하신 아버지
응봉동 달동네 작은 골목길
오래된 작은 구멍가게
그곳엔 먹음직스럽게 걸어놓은
처음 보는 향기 가득 품은
노란 바나나 한 송이

아버지께 바나나 사달라고 울며 떼를 쓴다
주머니 사정 얇은 아버지
얼레고 달래어 보았지만 나는 막무가내

더 큰 소리로 울어대는 내 모습에
무더운 여름 진땀 빼던 아버지
보다 못한 가게 주인아주머니
바나나 한 개 따주시며 오백 원만 달라고 하신다

아버지는 연거푸 허리 굽혀 고마워하신다
철부지 어린 나는 작은 입에 노란 바나나
양 볼 가득 오물오물거리며 떼쓰던 모습 온데간데없다

그런 내 모습을 지그시 바라보시며
미소 지으시던 내 아버지 그립고 또 그립다

달과 별은 유난히 빛났다

정든 고향 떠나 상경한 낯선 응봉동 달동네
유난히 밝게 수놓은 수많은 별들
다닥다닥 붙어있는 판잣집
그날 밤 어린 기억 새록새록

큰 보따리 한가득 짊어 메고
무엇에 쫓겨 급히 상경했는지
아홉 식구 등장에 당황한 큰고모
넉넉하지 않은 삶에 걱정 한가득

어려운 우리 형편 아시는 큰고모
선뜻 안방 내어주시고 얼굴엔 수심 가득하다
늦은 밤 배고픔에 깊은 잠 이루지 못해 뒤척이고
부엌에서 큰고모 우리 아버지와 대화를 나눈다

손때 묻은 누런 벽지
검게 그을린 바닥 장판

작은 쪽문 다락방 거미줄
찌그러진 요강 삐거덕거리는 재래식 화장실

땅 꺼지는 어머니의 깊은 한숨
낯선 환경에 잠 못 이루는 서울의 첫 날밤
유난히 밝게 빛나던 달빛 아래
어머니의 눈물 멈추지 않았던
아, 그 옛날 그날 밤

연이

싸리나무 울타리 대문 앞
하얀 고무신 신고 연이 이름을 부른다

까무잡잡한 얼굴 단발머리
동그란 눈에 까만 눈동자 수줍은 미소

귀엽고 예쁜 나의 벗과 함께
졸졸 흐르는 작은 개울가에 앉아

산새 소리 개울물 소리 친구가 되고
소꿉놀이 붉은 노을빛에 저물어 간다

나의 벗 귀엽게 웃는 모습
어린 벗에 설레었던 그 시절

오래전 추억 가득 담긴 빛바랜 사진 한 장 속에
숨겨놓은 어린 추억 조심히 꺼내어 본다

재래식 화장실

응봉동 달동네 허름한 재래식 화장실
굵은 장맛비 세차게 내리던 날
그날은 어머니께서 같이 화장실 가
지 않던 날

어린 기억 속에 재래식 화장실
너무도 어둡고 두려웠던 곳
혼자 가기 무서워 싫었지만
어머니는 오늘은 혼자 조심히 가 보
라 하신다

두려운 마음 가득 두 주먹 쥐고 용기
내어
끼이익 화장실 문 열고 들어가
고무줄 바지 내리고 다리를 벌리려
는 순간
중심 잃고, 힘없이 발 한쪽 똥통에
빠지고 말았다

빠진 발을 빼고, 고무신 한 짝 손 넣
어 꺼낸다

어린 마음에 고무신 잃어버리면
혼쭐이 날까 봐 용기 내 건져 냈던
그날
금방이라도 눈물 터질 것 같은 서러움

화장실 밖으로 쫓기듯 나와
세찬 빗물에 똥통에 빠진 발과 손을
씻는다
길을 지나던 사람들 이상한 눈으로
바라본다
작은 몸 장맛비에 흠뻑 젖고
어머니는 막둥이 걱정되어 나와 보시고
화들짝 놀라 달려오신다

참았던 서러운 눈물 터져 어머니께
안긴 막둥이
미안한 어머니는 막둥이를 뜨거운
물로 씻기시고
바나나 우유를 사주셨다

귀신바위

파란 하늘 새하얀 뭉게구름 배경 삼아
진한 청록빛으로 둘러싸여 맑은 물 흐르는
내 고향 송현리 방산 계곡

거기에 귀신바위라고 불리는 큰 바위
그 바위에 올라서서
볕에 검게 그을린 형과 나는
함께 돌을 던지며 놀았다

커다란 집채만 한 귀신바위 아래
잔잔하게 흐르는 청록 빛 물속
다슬기 잡고 물장구치던 정겨운 그곳

왜 귀신바위라고 불렸을까?
나는 아직도 그 이유를 모른다

ESSAY

야반도주

내가 살던 고향은 강원도 양구 방산이라는 동네이다. 아버지는 방산에서 너댓 살 때까지 살다가 서울 응봉동이라는 동네로 이사를 왔다. 급하게 오게 된 그날밤의 이야기를 종종 하셨다.

어머니는 무당 친구가 옆집에 살고 있어서, 자주 어울려 마실을 다녔다고 하신다. 그 무당은 동네에서 알아 주는 영적인 사람이라 사람들이 모두 무서워했는데, 어머니와 그 무당은 비슷한 또래의 자녀들이 있었다고 하신다. 그리고 건너 건너에 비슷한 또래를 가진 집들이 여럿 있었다.

어머니는 딸 다섯에 아들 둘이 있지만, 잃어버린 자녀들도 3명이나 있었단다. 어머니는 늘 잃어버린 형제들 이야기를 많이 하셨다. 첫째 딸이 있고, 중간에 아들과 딸이 있었다고 한다. 잃어버린 아이들이 매우 잘생기고 탐스럽고 예뻤다고, 아쉬움 가득한 목소리로 되뇌듯 이야기해 주셨다.

어머니는 자녀에 대한 애착이 많으셔서, 늘 자녀들을 사랑으로 아끼며 보살피셨는데 특히 아들들에 대한 사랑이 지극하셨다. 어느 날 동네에 무당 친구 자녀와 이웃집 자녀의 다툼이 있었다는데, 그 다툼이 어른 싸움으로 커지게 되었다고 한다. 그날 이후 며칠이 지나 어머니는 무당 친구의 집으로 마실을 가서 대문을 지나 마당을 가로질러 무당 친구의 이름을 부르며 방문 앞으로 다가가도 무당 친구는 아무런 인기척이 없어 창살로 된 방문이 빼꼼히 열려 있었다고 한다. 그래서 어머니는 그 문틈 사이로 들여다본 순간 무당 친구는 이웃집 자녀의 이름을 부르며, 저주와 무서운 주문을 외우고 있는 무당 친구와 눈이 딱 마주쳤고, 어머니는 얼음처럼 굳어져 발걸음을 뗄 수가 없었다고 한다. 무당 친구와 눈이 마주치는 순간 그 무당 친구는 어머니와 자녀들, 특히 두 아들을 향해 저주하기 시작하는 것을 보고 어머니는 겁이 나서 뒷걸음질 쳐 집으로 황급히 돌아와 그날 밤 모든 것을 버리고, 서울 응봉동에 살고 있는 시누이 집으로 도망쳐 왔다는 것이다. 시누이는 하나님을 믿고 있어서, 무당이 믿는 신보다 더 높은 신이라 생각하고 피신하셨다고 한다.

그 후, 어머니의 자녀들에겐 아무런 일도 일어나지 않았고 지금도 어머니는 정신이 맑으실 때면 그때 이야기를 자주 하신다. 모든 것을 버릴지라도 자식들을 지키고 싶은 어머니의 사랑 때문에 지금도 건강하게 잘 살고 있는지도 모른다. 사랑하는 어머니께 감사의 마음을 전해 본다. 갑자기 어머니가 눈물겹게 보고 싶다.

김윤태

서울시인협회 여름시인학교 시낭송 최우수상
'월간시' 제25회 추천시인상으로 등단(2019)
현재 기아자동차 사원
부부시집 〈진주가 된 생채기의 사랑〉(2020)
yytjs@naver.com

미아리에게
신일중고등학교 청록파
한많은 미아리고개
서울역 에스컬레이터
상경
미아역 철판
미아2동 오르막길
서울과 시골 리틀 야구단
삼양극장과 신광교회
미아리 텍사스

ESSAY – 판잣집

message

서울 토박이인 나의 고향은 어디일까?
단순히 서울이라고 말할 수 없는 것은,
과거의 서울은 현재와 같지 않고, 현재의
서울은 미래의 서울과 다를 것을 알기
때문이다. 끊임없이 변화하는 그곳에서
내가 태어나고 자란 1980년대의 서울
미아리를 살포시 꺼내어 그 시절을
'서울 토박이'가 소개한다.

미아리에게

나의 젊음과 같이한 너 미아야
어릴 적 서울 외곽이란 무시 견디고
백화점 세 개를 품에 안은 고결한 너
유명한 동네로 잘 자란 내 사랑 미아

새록새록 피어나는 어릴 적 기억
내 삶의 모든 추억과 함께 한 너
친구와 친척과 연인과 함께 한 너
조용히 말없이 내 옆에 함께 한 너

지쳐 외로워 울 때 내 눈물 받아주고
화가 나서 발을 구를 때 발길질 참아주고
기쁨에 소리칠 때 시끄럽다 외면 안 한
아름답고 아이 같은 나의 친구 미. 아.

미아에 대한 나의 애정을 담아
이쁜 단어로 이쁘게 치장시키고
멋들어진 형용사로 장식하지 못해도
의인화해 사랑한다 말하려 시를 써 본다

신일중고등학교 청록파

미아역 2번 출구로 나오면
뻥 뚫린 공터가 시원함을 선물하고
동트는 쪽으로 학교 정문이 보인다
믿음으로 일하는 자유인이 공부하는 곳

신일중고등학교 교문과 엠블럼이 좋았다
지금은 교문과 엠블럼이 바뀌었지만
학교로 뻗은 오르막길 좌 개나리 우 소나무
4월의 노란 물결과 5월의 솔 새순이 좋았다

12만 평의 대지와 산이 어우러진 넓은 교정
실내체육관에는 농구장 유도장 앞에는 공원
야외에는 대형 운동장 2개와 야구장 테니스장
넓은 교정과 함께 넓게 자랐던 1318 청춘

박목월 시인이 작사해 준 교가를 부르며
아름드리 아카시아 군락지만큼 오랜 역사
숨어있는 벤치와 자연에서 공부했던 아이
21세기 새로운 청록파 시인이 되고자 했다

한많은 미아리고개

경복궁 지나 창경궁 지나
끌려가도 붙잡아 주지 못하는
궁의 드높던 권세가 미웠겠다

무릇 개망초 코스모스
길가에 뿌리내려 서 있는데
질질 궁과 멀어지며 한恨이 차올라

지금은 수많던 공동묘지 모두 사라지고
서서히 전쟁의 기억도 함께 사라지고
부르던 서글픈 노래마저 사라져 간다

높던 고갯길은 넓은 도로로
들꽃 터는 아파트 터로 변했지만
그 많은 한恨은 미아리고개에 남아주길

더 이상 한恨이 쌓이지 않기 위해
더 이상 전쟁의 후회가 없기 위해
꾹꾹 써 내려 보는 이천이십삼 년의 유월

서울역 에스컬레이터

서울 취직한 잘난 자식 만날 기쁨 안고
시골에서 덜컹덜컹 기차 타고
서울역 도착한 시골 할머니 할아버지
자동으로 움직이는 계단 앞에 멈칫

자식 주려고 싸온 봇짐은 양손 가득
계단을 걸어서 오르기엔 힘들겠고
에스컬레이터에 용기내서 나가간다
첫발을 내딛자 무서워서 멈칫

순간 에스컬레이터는 사정없이 넘어뜨린다
부산에서 오는 친할머니를 기다리는 동안
열 명 정도 할머니 할아버지가 넘어진다
서울 온 첫날부터 발전에게 고난을 받으신다

서울행 첫발부터가 고생이라는 것을
낯선 문명이 두려움이라는 것을 모르고 상경
엄청나게 용기내서 에스컬레이터와 싸우며
나를 보러 온 부모라는 사실을 자식은 모를 거다

상경

초록의 숲 사라진 회색 빌딩 숲
자갈길 사라지고 시멘트 블럭길
시냇물 새소리 벌레소리 없는
자동차 붕붕 소리 요란한 도시

흔들리는 갈대 아스팔트 밑 잠들고
흐드러진 꽃밭 오엘이디 화면으로 보고
봄 여름 가을 겨울 큰 변화는 없는 도시
버스와 전철로 빠르게 바쁘게 삽니다

빠르고 바쁘고 약속의 늪에 사는 삶
고급문화를 즐기기 위해 비싼 값을 치르고
화려한 도시의 마술에 걸려 쉼을 빼앗기고
몸이 아픈지도 모르게 빠르게 달려가는 도시

가을 들녘 황금물결 지날 때면 경이롭고
자연의 백색소음 들릴 때면 신기하고
사물놀이 우리 가락 온몸으로 비트 타고
서울 촌놈은 가끔 시골로 하경을 꿈꿉니다

미아역 철판

아스팔트 벗고 철판으로 옷 입었다
비싼 옷인지 체크 모양이 고급스럽다

철판 아래 땅속에서 쿵쿵 뭐하는 소릴까
철판 위를 차가 지나가면 쾅쾅 소리도 지른다

인도 옆으로 깊고 큰 주머니도 만들어놔서
지나가는 사람을 겁에 질리게도 한다

4년 동안 입던 철판 옷을 벗을 때
어디에 입구가 생길지 궁금한 어른들

6학년이 되던 4월 19일
오늘 전철은 공짜입니다

미아역에서 상계역까지 왕복으로
철판 옷 벗은 주인공 여섯 량 전철과 놀았다

미아2동 오르막길

혈관처럼 얽힌 골목에 일출 빛 비추고
자전거도 못 다닐 실핏줄 펼쳐진 골목

세포와 세포가 연결되듯 붙은 담벼락
"넘어오지마!"
담 위에 붙인 유리 조각 경고

높아 보이지 않지만 복잡하게 얽힌 골목
사회에 깔린 높지 않지만 복잡한 관계

열심히 오르고 내려면 결국 제 자리
아랫동네 직장생활 마치고 집 다시 오른다

높다고 다 좋은 것은 아니야
아침 해 먼저 맞이하는 미아2동 오르막길

서울과 시골 리틀 야구단

오비베어스 리틀 야구단 모집
사촌 동생이 리틀 야구단에 가입했다
서울 롯데백화점 옥상에서 입단 행사
행사는 없고 유니폼과 글러브 야구공
각종 기념품을 나누어 주었다

서울 아이들은 뭐하고 놀았냐고 물어본다
골목에서 축구하고 정구공으로 야구하고
숨바꼭질 딱지치기 구슬치기 오징어 게임
여자는 고무줄 공기놀이 종이 인형 놀이
시골과 비슷하게 놀았다고 나는 생각했다

서울은 국민학교에 쌀을 봉지에 담아냈고
시골은 쑥을 잘라 한 팔 두 팔 새끼줄에 냈고
서울은 학교 끝나면 놀거나 태권도 학원
시골은 개구리 잡아 돼지 먹이를 주고
소가 있으면 꼴을 베어야 놀 수 있었단다

서울은 운동화 시골은 고무신
진흙 길에는 고무신이 훨 편했단다
서울은 가죽 야구 글러브 시골은 포대
시멘트 포대를 접어 글러브를 만들어 썼단다
알루미늄 야구 배트는 동네에 한 개

환경미화 때 서울은 꽃 화분을 돈 주고 샀고
시골은 잔디 씨를 편지 봉투에 냈단다
서울은 오락실 시골은 서리와 사냥
서울은 그냥 놀았고 시골은 일을 하며 놀았다
서울 촌놈은 자연이 주는 즐거움은 모른다고 느꼈다

삼양극장과 신광교회

미아역 근처에 있던 개척교회
내가 다니던 조그만 신광교회
군대에서 제대하고 나오자
삼양극장이 신광교회로 변해 있었다

삼양극장에서 영화를 봤었는데
이제 하나님께 예배를 드려야 했다
강대상은 맨 앞에 있어야 했기에
목사님은 작아졌고 낮아졌다 성경대로

동시상영으로 두 편의 영화 틀던 극장
성인영화와 삼류영화를 보여주던 극장
그곳에서 거룩한 예배를 드려야 했다
예배 장소로는 좋지 않은 환경이었다

나는 교회를 박차고 나왔다
몇 년 동안 세상에서 방황을 시작했다
내 인생에서 많이 후회되는 부분이다
패잔병 같은 나의 모습 무척 초라했다

미아리 텍사스

미아삼거리 골목골목 술집 거리
강북 젊음이 모여들던 환락가
오렌지족 야타족 뽐내는 도로
곱게 치장한 자동차는 야타
곱게 치장한 아가씨는 놀다가
어서 오라고 미혹하는 밤의 교태

서부영화에 나오던 스윙도어
그 문으로 된 술집이 즐비하고
문 안에서 들어오라고 부르는 아가씨
친구와 나 그 길로 못 다니게 막던 건달
대지극장 뒷거리 이름은 미아리 텍사스
밤이 되면 총잡이 가득한 서부가 되었다

판잣집

화계초등학교 정문에서 동쪽으로 삼십 미터만 가면 바로 산이 나온다. 작은 산이라 이름은 없었던 것 같다. 그 산에는 자그마한 냇물이 흐르고 위쪽으로는 화강암으로 쌓아 올린 옹벽이 수십 개 있고, 커다란 계단이 수십 개 있는 모양으로 된 네모난 공터가 있었다. 친구들은 이곳을 거인의 계단이라고 불렀다. 산 위로는 제법 멋진 집들이 몰려 있는 동네도 있었고 가끔 그곳에 사는 친구 집에 걸어서 올라가려면 많이 힘들었던 기억이 있다.

어디에서 살다 온 친구인지는 몰라도 그 낮은 산을 이리저리 다니며 이것저것 먹는 풀을 알려 주며 함께 놀았던 친구가 생각난다. 지금 생각해 보면 어디 시골에서 전학 온 친구였을 것 같다.

"이 풀은 꽃대 껍질을 벗기고 먹으면 달콤하니 맛있어."

나는 꽃대를 잘라 껍질을 벗긴 후 먹어 보았다. 별로 맛이 없었다.

"계속 씹어봐. 달콤해질 거야."

이름 모를 그 풀의 꽃대는 점점 달콤해졌고 그 후 나는 몇 개의 꽃대를 더 먹었던 기억이 난다.

두 시간쯤 놀고 헤어지려 하면서 그 친구는 산 중턱에 덩그러니 딱 한 채 있는 판잣집 방향으로 다가갔다.

"야, 저기는 무서운 형들이 산다고 근처에도 가지 말라고 했어."

친구는 웃으면서 괜찮다고 하며 그 집에 바싹 다가갔다. 집에 있던 대여섯 명의 형과 누나가 나왔고 나를 보며 환하게 웃어 주었다. 친구는 나를 보며 인사를 했다.
 "잘 가. 학교에서 보자."
 하지만 나는 그 형과 누나의 웃는 모습에도 겁을 먹어 빠르게 산을 내려왔다.

 지금도 가끔 허름한 판잣집과 이름 모를 풀을 보면 얼굴도 이름도 기억나지 않는 초등학교 2학년 때 그 친구와 놀던 일이 떠오른다.

김의진

월간 '한국수필' 수필 등단(2015)
'월간시' 제11회 '추천시인상'으로 시 등단(2017)
현 ㈜라이펀 대표
joycejames@hanmail.net

고향
언덕길
그리움
참기름 한 병
봉지쌀
고향집
어머니

ESSAY – 시장 풍경

message

고향을 그리워하는 마음만으로 우리는 시인이 된다. 그리운 산천초목, 그리운 부모형제…. 그리운 모든 것을 기억하고 싶어 시인은 시를 쓴다.

고향

의젓한 오라비가 있고
철없는 동생이 있고
자식밖에 모르는 어미가 있는 곳

치열한 삶을 살면서
눈물 콧물 마를 새 없어도
설탕과 물 탄 수박 한 덩이에
고단한 하루가 웃음꽃 피던 곳
내 고향엔 아직도 가족이
함께 있습니다

언덕길

골목이 훤히 내려다보이는
계단 위 언덕에
제 몸집만 한 동생을 등에 업고
뒤뚱뒤뚱
기다리는 엄마 생각에
콧노래를 부른다

해질녘 어스름한 달빛에
그림자 내려올 때
두고 온 어린 자식 눈에 밟혀
지친 발걸음은 허둥지둥

가파른 언덕길도 단숨에 달려오는
아득한 만남의 광장

그리움

내가 큰 걸까

골목길이 작아진 걸까

사남매가 옹기종기 모여 있던 건넌방은

이젠 혼자 앉아도 꽉 차는 걸까

몸은 커졌으나 마음은 비어버린

어른은 되었으나 철이 들지 않는 것은

채우지 못한 그리움의 강

참기름 한 병

저녁밥을 지으시던
어머니가 참기름 사 오라신다

내리막길 냅다 뛰어간
깨 볶는 냄새가 진동하는 기름방

작은 신문지에 싸인
참기름 병을 받아들고
오던 길을 뛰다

말아놓은 신문지 틈으로
미끄러져 깨져버렸다

쏟아진 기름이 아까운 것보다
실망하실 어머니 얼굴이 떠올라
눈물이 맺혔다

터덜터덜 빈손에 사색이 된 나를
괜찮다 하셨다
그럴 수 있다 하셨다

어머니 나이가 되어보니
괜찮다
그럴 수 있다가 왜 이리도 힘든지
모르겠다

봉지 쌀

아침밥 하려고
쌀 푸는 항아리에서는
득 득 득…
항아리 긁는 소리가 납니다

고사리 같은 내 손을 잡고
양곡상에서 어머니는
여섯 식구 먹을 양식으로
누런 봉지에 쌀 한 됫박을 사십니다

한 톨이라도 샐까 움켜쥐고
품에 안은 건 쌀이 아니라
생명줄입니다

고향집

눈 감고도 찾고
돌아가도 찾을 길
꿈에도 보이고
툭하면 생각나고

모퉁이 돌 때마다
언덕길 오를 때마다
사연이 있고 이야기 있는 곳

구석구석 손때 묻어
이곳에 어머니 향기가
저곳에 아버지 음성이
재잘거리는 사남매가 그려지는

옛집 고향집입니다

어머니

어릴 적 엄마를 외치며
졸졸 따라다녔습니다

장에 다녀올 테니 집에 있거라 하여도
막무가내로 몰래 따라가다 엎어져
이마를 깨기도 했습니다

어머니 품에 안기면
향기도 아닌 특유의 냄새가 납니다
잠도 안 오는데 꽃향기도 아닌데
품에 파고들면 스르르 잠이 듭니다

세월이 흘러
엄마가 날 따라다닙니다

밥 먹었니
춥다
비 온다
그리고…
어디야?

늙은 어머니는 제 아이가 돼갑니다

제 옆에서 잘 자고
주름지고 거칠지만
귀엽고 사랑스럽습니다

ESSAY

시장 풍경

어머니 생신날이 다가와 엄마에게 드릴 선물을 사려고 집을 나섰다. 백화점은 화려하기 그지없는데 왠지 여전히 낯선 느낌은 무엇 때문일까. 깨끗하게 단장한 새 아파트단지에 살면서 대형 할인점에서 예쁘게 봉지 봉지 담긴 야채며 과일들을 어려움 없이 사지만 어린 시절 막 뽑아 싣고 온 파릇하고 향긋한 흙냄새와 물건을 사고팔며 흥정하던 사람들의 정겨운 모습은 더 이상 볼 수가 없다.

어릴 적 시장은 엄마 손을 잡고 따라가서 군것질거리를 맛볼 수 있는 곳이었고, 좀 커서는 엄마를 도와 힘들게 짐을 들어 드려야만 하는 곳이었다. 엄마는 집 가까운 곳에도 시장이 있었건만 꼭 육교를 건너 맞은편 시장을 가신다. 김치를 하시는 날에는 배추 몇 통만 들고 육교를 건너기도 어찌나 힘이 들던지. 그래도 엄마 혼자 다니게 할 수 없어서 함께 끙끙거리며 이고 지고 집으로 돌아왔다. 그 넓은 시장에서 다 그게 그것 같은 똑같은 배추들을 첨부터 끝까지 돌아보며 조금이라도 알차고 좋은 것을 싼값에 사려는 엄마를 뒤따르며 나는 늘 툴툴거렸다.

"다 똑같이 생긴 배추를 저렇게 힘들게 이 집 저 집 다니며 고르실까. 그냥 아무 데서나 사시지." 투덜거리면서 따라다닌 기억이 눈에 선하다.

시장은 온통 구경거리였다. 약이 귀했던 시절인지라 수시로 약장수들이 서커스단과 함께 등장했다. 어느 때는 거대한 천막을 설치하고 며칠 밤을 서커스를 보여주다가 약을 팔고 어느 날은 대낮부터 약을 판다. 약장수를 바라보며 삥 둘러

김의진 47

앉은 사람들은 신기한 듯 입을 다물지 못했다. 그들은 각목으로 자기 머리를 내리쳐서 부수는가 하면 철근들을 엿가락처럼 구부리고 배를 드러내고 땅바닥에 누워 트럭이 밟고 가게 하거나 수시로 입으로 화염을 내뿜었다. 약장수는 그중에 남자아이 하나를 불러내어 정체 모를 약을 먹였다. 삼십 분쯤 후 약을 먹은 아이를 번쩍 들어다 앉혀놓고 그 많은 사람들 앞에서 엉덩이를 드러내면 아이는 부끄러워 발버둥을 치지만 사정없이 부여잡고 바지 속을 들여다본다. 어찌 저런 벌레가 사람 몸속에 있었는지. 겁에 질린 탓일까, 사람들은 너도나도 약을 샀다. 엄마도 예외 없이 사서 우리들에게 먹으라고 주셨다. 낮에 본 것처럼 정말 내 엉덩이에서 벌레가 나올까 하여 차마 먹지 못하고 버렸다가 혼줄이 났던 기억에 웃음이 난다. 추운 겨울날 콧물 흘리며 따라다니다가 풀빵이라도 사주시면 좋아했고 더운 여름엔 얼음과자라도 얻어먹으면 그게 그렇게 더없이 신이 났다. 그래서 엄마가 시장 간다고 하시면 우리들은 무조건 후다닥 따라나섰다.

　어느 날 엄마는 혼자 시장을 가신다며 "너희들은 집에 있어." 엄명을 하시고 집을 나서셨다. 바로 위에 오빠가 몰래 엄마 뒤를 따라갔고 난 오빠 뒤를 따라갔다. 내리막길에 엄마 걸음을 못 쫓아가던 오빠는 뛰기 시작했고 덩달아 나도 뛰기 시작했다. 어린 나는 뛰다가 그만 넘어졌고 하필이면 튀어나온 돌에 이마를 찧었다. 비명소리와 함께 피가 철철 흐르고 앞서가던 엄마와 오빠는 허둥지둥 나의 비명을 듣고 뛰어왔다. 엄마는 그때를 회상하시면서 이마에 구멍이 뻥 뚫려 뼈가 보이는데 십년감수했다고 하셨다.

　아버지는 자라는 내내 나의 이마를 보실 때마다 그 때문에 미스코리아에 못 나가는 것이라고 혀를 차셨다. 정말 고슴도

치도 제 새끼는 예뻐한다는 말이 맞는가 보다. 지금도 내 이마에는 그때의 그 흉터가 훈장처럼 남아 있다.

 지금은 엄마만 혼자 남으셨고 자식들은 각자 먹고 바쁜 처지가 되었다. 울고 웃던 그 시절 추억은 시장과 함께 사라지고 넓은 공터에 놀던 아이들이며 바쁘게 살아가는 시장 사람들을 이제 더는 볼 수 없는 세월이 흘렀다. 나는 그 시절 엄마의 나이가 되었고 엄마는 이제 고운 얼굴을 잃고 가냘픈 팔십 노인이 되셨다. 사람이 살아간다고 하는 것은 아름다운 사람들을 마음에 기억하고 추억을 간직하며 그 힘으로 오늘 남은 자들을 보살피는 것이라 생각한다.

김지유

목포혜인여고, 연세대 법학과 졸업
서울시인협회 여름시인학교 백일장 최우수상
'월간 시' 제25회 '추천시인상'으로 시 등단(2019)
부부시집 〈진주가 된 생채기의 사랑〉(2020)
김지유의 그림이 있는 시집 〈수고했어 괜찮아 사랑해〉(2022)
yytjy74@hanmail.net

하늘 품은 돌
목포의 설움
오월의 기억
무당과 동무
사탕 할아버지
미워도 내 고향
볕들지 않는 단칸방
늦은 고백
복숭아 알레르기
참외 서리

ESSAY – 초승달

message

내 영혼의 고향도 고향이요, 내가 태어난 엄마의 자궁도 고향이요, 현재의 나를 있게 한 모든 과거의 기억과 감정이 축적되어 있는 그곳이 고향이다. 과거의 사진첩을 꺼내어 그때 일을 떠올리다 보면, 사진 속 내 모습 속에서 그때의 감정이 읽힌다. 굳이 슬퍼하지 않았어도 됐을 일을 왜 목 놓아 슬퍼했을까. 감사한 일들도 많았는데 왜 그때는 감사하다는 것을 깨닫지도 못했을까. 어린 시절 나와 늘 함께 한 고향을 떠올리다 보면, 어린아이의 순수함을 잃어버린 빛바랜 나 자신을 발견하기도 하고, 아직도 어른이 되지 못한 미성숙한 나 자신을 발견하기도 한다. 고향이란 곳이 좋은 기억만 있는 곳은 아닐진대 살면서 늘 그리운 이유는 무엇일까. 고향이 그리운 이유를 하나씩 들추어내고, 고향을 다시 찾아가는 마음으로 시를 쓴다.

하늘 품은 돌

어디서부터 굴러왔을까
굴러오는 동안 깎이고 깎여
낮은 곳으로, 더 낮은 곳으로

비록 덩치는 작아져
위엄이라곤 없어 보이지만
매끈매끈한 표면에 하늘이 비쳐
하늘빛을 닮은 옥석이 된 너!

바람과 파도가 여전히
널 가만두지 않지만
아무 일도 없었다는 듯
작디작은 형체로 반짝거리는

네 조그만 몸뚱이에 하늘을 품고 있구나

목포의 설움

서울 가면 목포 출신이라 하지 마라
깡패들이 판치는 곳에서 왔다고 싫어할라

험악한 얼굴에 쇠몽둥이 든 사람들 나타나면
가게 유리창 깨질까 급하게 철문 셔터 내려
하루 장사 허탕치고 숨죽이듯 살았을 뿐인데

매월 임대료를 내야 하는 압박에
숨도 크게 못 쉰 가장의 슬픈 한숨소리가
숨 막히는 적막과 함께 가족의 심장에 울려 퍼졌다

마땅한 일자리 없어 작은 점포 하나로
식구 먹여 살리겠다고
아침마다 삐걱거리는 몸 끌고나와
삐걱거리는 철문 셔터 들어 올렸을 뿐인데

슬프고 억울한 자들은 숨도 마음대로 쉬지 못하는가
얻어맞았어도 때렸다고 강요받으며
숨죽이며 슬픔 감추고 살아야 하는가

오월의 기억

혁명도 모른다
민주화운동도 모른다

동트기 전 깜깜한 새벽
칠흑 같은 어둠이 깔려
전기도 끊기고 전화도 끊기고
거리에 차 한 대도 보이지 않을 때

젊은 청년들 가득 구겨 넣은
부서진 버스 한 대 지나가고
뒤이어 그림책에서만 봤던 탱크가 지나가고

지켜보던 어른들은 어린아이의 눈을 가렸다
조용히 있지 않으면 너도 잡혀 간다
전쟁도 이런 전쟁이 없다며
같은 나라 사람 총부리에 창창한 젊은이가 죽었다며
여기저기 수군거리는 어른들의 소리 들리고

총부리에 죽을지언정 굶어 죽는 건 안 된다며
어디에선가 급히 만들어온 주먹밥을
깨진 버스 유리창 사이로 건넨 장면이
아직도 눈에 선하다

현실이 아니기를
그냥 깨어나면 사라질 악몽이기를
바랐던 그날의 기억

무당과 동무

아랫마을 할머니 무당집엔
손녀딸이 함께 살았다
손녀딸의 엄마아빠 소식을
아는 동네 사람은 없었다
희끼무리한 눈동자를 가진
할머니 얼굴 쳐다만 봐도
겁에 질린 아이들이었지만
또래인 손녀딸과는
엄마아빠 흉내 내는
소꿉장난하며 참 잘도 놀았다

그 시절 동네아이들의 놀이터였던
여름성경학교 시작 전까지는,
그 아이 교회 놀러왔다가
할머니 손에 머리채 잡혀
질질 끌려가기 전까지는,
그 뒤로 그 아이 우릴 모른척했고
우리도 그 아이 아는 체할 수 없었다
그 아이 이름 생각해 보려 해도
그 이름 도무지 생각나지 않는다

사탕 할아버지

비탈길 위에 양지마을, 비탈길 아래 음지마을
비탈길 바로 옆 햇빛도 들지 않는 집에
혼자 사시는 할아버지, 대문도 없는 할아버지 집은
비탈길 위에서 바라보면 방안이 훤히 들여다보였다

할아버지가 건넨 사탕 먹으며
할아버지가 들려주는 얘기 들으며
동네 꼬마아이들 재잘거리는 소리가
양지마을, 음지마을에 퍼져 나갔다

어느 날 뜬금없이 그 할아버지 집 근처에
하얀 꽃으로 온통 둘러싼 버스 한 대가 서고
어른들은 꽃마차 타고 좋은데 가시는
할아버지에게 인사하라고 했다

우릴 두고 이사하는 할아버지가 야속해서
우리한테 인사도 없이 가버리는 할아버지가 미워서
인사는 무슨 인사냐며 투덜대었던 철없는 아이들

언제 우릴 보러 다시 오지는 않을까
비탈길 위에서 기웃거리며
방안이 훤히 들여다보이는
할아버지 집 근처를 맴돌았다

미워도 내 고향

고향이란 말이다
내 고향 아니라고 속일 수 있는 게 아니다
고향을 속이면 내 근본을 속이는 것이다
아빠가 아무리 미워도 우리 아빠 아니라고 할 수 없듯
천대받아도 나를 먹여 살린 곳이다

슬플 때 드넓은 바다로 품어주기도 하고
외로울 때 시끄러운 파도소리로 활기차게 하고
답답할 때 굳건한 바위산으로 목마 태워주고
복잡할 때 고향화가들의 손길로 쓰다듬어 주고
괴로울 때 반짝거리는 별 바라보며 행복해하던 곳

할머니가 고봉밥으로 전한 사랑이 그리워지는 곳
엄마의 도마소리에 아침잠을 깨우던 곳
고향 떠나는 버스터미널에서
꾹꾹 눌러쓴 아빠의 편지 읽으며 눈물 흘리던 곳

볕들지 않는 단칸방

손님이 맞춘 양복이
쇼윈도에서 햇볕 받으며 뽐을 낼 때
양복점 뒤편에 마련된 단칸방에는
꼬물꼬물 네 명의 아이들이
볕 대신 형광등을 의지하여
아빠가 없을 땐 손님도 맞이하며
세상물정 모르고 꼬물거렸다

손님이 놔두고 간 라이터로 불을 붙여
평상시엔 만져보지도 못했던
손님에게서 받은 거금 만 원을 홀라당 태우고
손님을 위해 마련된 소파도 태울 뻔했다
사소한 불장난으로 알게 된 두려움이
컴컴한 어둠 속 단칸방을 가득 채웠다

그 단칸방, 볕들지 않는 방인 것을
왜 그제야 알게 되었을까

늦은 고백

큰아이의 짐을 싣고 대학 기숙사에 넣어준 날
돌아오는 차 안에서 아빠의 마음을 읽었다
남편의 소리 없는 운전을 옆에서 지켜보며
네 명의 아이들을 키우는 부담에 짓눌렸을
어릴 적 아빠의 모습이 떠올랐다

대학에 입학한 딸을 서울 고모네 집으로 보내는 날
소갈비 잘하는 식당에 밥 한 끼 사 먹이려고 해도
네 명의 아이들을 한꺼번에 데리고 갈 수 없었던
아빠의 형편을 왜 다 헤아리지 못했을까
빠듯한 살림에 첫 학기 등록금을 어떻게 마련했을까
왜 그때는 아빠의 고충을 눈치채지 못했을까
짐을 다 내려놓고 어디론가 떠나고 싶다는
아빠의 말이 듣기 싫다고 짜증만 내었을까

고속도로 위 까마귀가 까악거리며 떼지어갈 때
내 소리 아랑곳하지 않고 날아가는 까마귀한테
너무 늦었지만 죄송합니다, 감사합니다라고 되뇐다

복숭아 알레르기

풋복숭아 먹지 말라는
학교 공지문 어기고
교정에 떨어진 풋복숭아를
잔뜩 품에 품고 와서는
엄마 몰래 먹은 복숭아가
밤새 악몽을 꾸게 했다

보이지 않는 복숭아 털 하나가
목구멍을 부이오르게 해
숨이 터억터억 막히고
몸 구석구석을 스멀스멀
벌레마냥 기어다닌다

탐스럽고 매혹적이지만
가까이 다가갈수록 고통스럽다
가까이하고 싶어도
가까이할 수가 없다
다가갈 수 없는 현실이 서글프다

그렇다고 널 싫어하는 건 아니다
거리를 둘수록 편안할 뿐
네가 나에게 안 맞을 뿐
널 좋아하는 사람은 많으니
우리 서로 잘잘못을 따지지 말자

참외 서리

잠 안 오는 여름밤 배가 출출하면
집 근처 참외밭에 서리하러 갔다

참외밭 상하지 않게 살금살금
작고 샛노란 것으로 하나만 따서
양심 살짝 챙긴, 들키지 않는 재미가 쏠쏠했다

밤을 깨트리는 참외밭 주인의 소리 들려
몰래 쏜살같이 도망쳐 나왔어도
누가 훔쳐 갔는지 알 법 한데도
주인은 다음 날 모른 척해주었다

잘 키운 수박 하루아침에 통째로 서리 맞아
일 년 농사 공쳤다는 뉴스 보며
이제는 서리하는 장난 칠 수 없겠다며
서리를 하면서도 주인에게 큰 피해가 가지 않도록
애써 조심했던 옛날을 떠올리며 씁쓸한 마음 달랬다

잠 안 오는 여름밤 배가 출출하여
집 앞 무인 아이스크림 가게를 향해 내려간다
무인 아이스크림 가게에 들어서는 순간
울리는 삐삐삑 소리와 잔뜩 달린 CCTV에
아이스크림의 시원함을 훔치지 않았는데도
화들짝 놀라 온몸이 오싹 추위를 느낀다

ESSAY

초승달

    목포 시내에서 양복점을 하셨던 아버지가 네 명의 아이들을 모아놓고 선전포고를 하셨다. 이제 양복 만드는 일을 그만두고 시골로 들어가 벼농사를 짓겠다는 것이다. 왜 갑자기 시골로 이사를 가야 하는지에 대해서는 아무 말씀도 하지 않으셨다. 어렴풋이 뭔가 일이 잘못되었구나 하는 것만 짐작할 수 있었을 뿐이다.

    방안에 깔린 침울한 분위기 때문이었을까. 이사를 가야 하는 이유에 대해서 아버지에게 차마 여쭤볼 수조차 없었다. 아직도 난 시골로 이사를 가야 했던 정확한 이유에 대해서 알지 못한다.

    아버지는 우리를 데리고 이사 갈 시골집을 보여주겠다고 하셨다. 시골집으로 가는 길은 참으로 험난했다. 아스팔트가 깔리지 않은 울퉁불퉁한 길, 조금만 삐끗하면 도랑으로 빠질 것 같은 가로등도 없는 길을 지나야 시골집이 나타났다. 오랫동안 사람이 살지 않았던 것 같은 집에 여기저기 쓰레기가 널브러져 있고, 집 밖에 나와 있는 재래식화장실의 문짝도 다 뜯겨져 있었다. 방안에는 그전에 살던 사람이 가져가지도 않은 부서진 가구들이 그냥 그대로 방치되어 있었다. 아무것도 제대로 갖추어진 것이라고는 없는 곳에서 살겠다고 하는 아버지가 야속하였다. 목포에서 살 때도 대로변 근처에 있는 시내에서 살았던 나에게, 그 시골집은 황무지 그 자체였다.

    가로등이 없는 밤에 달빛이 고마운 걸 알게 된 건 시골집에서 살게 된 이후부터였다.

시골집에서 지내던 어느 날 밤, 하늘에서 달이 사라진 날이 있었다. 태어나서 처음으로 칠흑 같은 어둠을 경험하였다. 앞이 하나도 보이지 않아 집 밖으로 나설 수조차 없었다. 그나마 달빛이 조금이라도 비치면 앞을 볼 수 있는데 말이다. 나는 칠흑 같은 그런 어둠이 세상에 존재한 줄도 몰랐다. 시골집에 이사하고 나서야 비로소 그 어둠을 경험할 수 있게 되었다. 하늘에 초승달이라도 떠주었으면 하고 바랐던 날이었다.

내 마음도 칠흑같이 어두운 날이었다. 세상에 희망이란 게 존재할까하며 절망 속에 빠져들었던 날이었다. 희망을 품는 것조차 죄악처럼 느껴지는 참혹한 날이었다.

칠흑 같은 어둠을 경험한 자는 초승달의 달빛이 고맙다. 앞이 보이지 않는 것 같아도 희미하게라도 볼 수 있으니 말이다. 희미하게 비쳐 보이는 것이 더 아름답게 빛나 보일 때도 있으니 말이다. 아무것도 보이지 않는 것 같아도 아무것도 존재하지 않는 것이 아니니, 존재하는 그것이 세상에 드러날 때를 기대할 수 있으니 말이다. 그 언젠가는 더 밝게 빛날 날이 있겠지 하며 기다릴 수 있으니 말이다.

슬프지 않을 때는 초승달의 달빛이 고마운 줄 몰랐다. 슬픔이 나쁜 감정인 줄만 알았던 나는, 슬픔이 감사를 깨우친다는 것을 알게 되었다. 감사를 잃어버리고 살았던 날을 후회하며, 작은 것이라도 감사하며 살아야겠다고 다짐하였다. 초승달이 뜬 달밤은 슬픔 속에 피어난 감사이다.

윤영돈

제24회 크리스챤 신인문예상 시 부문 입상
서울대학교 윤리교육과(박사)
인천대학교 윤리교육과 교수
저서 〈다문화시대 도덕교육의 프리즘과 스펙트럼〉 등 다수
danielyoun@inu.ac.kr

내게도 고향이 있었나
어미 품
어미가 있어 감옥도 낙원이다
아버지
오냐, 내 새끼
고모
목포 고모부
바닷가 물놀이
생과 사
늙어감

ESSAY - 가족의 탄생

message

고단한 가족사로 인해 이사를 너무도 자주 다녔다. 그래서 부초처럼 어느 곳에도 정착하지 못하고 길고 긴 타향살이에 시달렸다. 그러나 몸에 새겨진 고향의 흔적들, 기억의 파편들이 희미하게 남아 있었다. 올해 서울시인협회에 가입하고, 용기를 내어 본격적으로 고향의 근원을 추적해 보았다. 생각지도 못했는데, 내 무의식의 방에 아름다운 보석들이 숨어 있음을 알게 되었다. 모성의 위대함, 어미 품 같은 할머니와 목포 고모네의 환대를 통해 고향의 넉넉함이 강물처럼 내면에 흐르고 있음을 깨닫게 되었다.

내게도 고향이 있었나

고향을
노래하는 이들
넉넉해 보인다
가슴 속 벅찬
추억이 반짝인다

떠다녔던 나날들
부초 같은 타향살이
텃새에 등 떠밀리고
오해와 수치를
한 바가지 먹어도
허기지고 배고팠다
내게도 고향이 있었나
괜스레 물어본다
나의 기억상자엔
고향 추억이 없다

무의식 같은
기억의 파편들
몸에 새겨진
고향 흔적
더듬어 본다

어미 품

고향 찾아
나에게로 여행 떠난다

강진군 도암면
친가와 외가 사이
우리 집이었나
나무 마루에서
어린아이가
짭조름한 오줌 먹고
연신 입을 다신다
어미 품속에서
양수 먹던 흉내일 테지
좁디좁아도
어미 품은
넉넉하다
뒤늦게 깨닫는다
잊지 못할
따스한 고향임을

어미가 있어 감옥도 낙원이다

갓난아이 부뚜막에 들어가 울음 울 때
불 꺼진 화덕이라 다행이었다고 어미가 말한다
미소 띤 얼굴, 그 속은 까맣게 탔겠지

개구쟁이 형님이 이불로 동생과 장난했다
탯줄 끊긴 자궁 같은 이불 속에서
천근처럼 무거운 감옥의 이미지가 번뜩였다

갯벌에서 놀다가 들이닥치는 밀물에 갇혔다
아비 제삿날 어미의 간절한 기도 덕분이었을까
떠밀려 가는 형제를 뱃사람 둘이 구했다

인생살이 도처의 벽과 온갖 한계
욕망의 굴레에 매여 있음도 부정하며

저마다 자신을 가두고 종신형을 살아간다

지천명의 나이에 깨닫게 되었나
한 뼘 감옥도 탯줄로 이어진 찬란한 낙원임을
아니, 모친의 심장소리 자장가로 들으며
어미 자궁에서 온몸으로 알았나

우주라는 감옥에 우리 살아간다
탯줄이 끊긴 그날부터 인생은 종신형 죄수
하늘과 바다, 우주 끝이라도
모성이 닿지 않는 곳 없으니
어미가 있어 감옥도 낙원이다

아버지

희미합니다
상여 무리 가운데
철없이 놀았던
기억의 파편
어렴풋하게
남아 있습니다

얼굴도 모르고
추억도 없습니다
일찍 떠나셨다고
원망하진 않습니다

아비 역할
어찌할지 몰라
네 명의 아이에게
미안할 때
그럴 땐
아쉬웠어요

지천명 지난
뒤늦은 고백

형님의 타고난 손재주에
나의 수줍음과 순박함에
여전히 당신의 흔적 있음을
아버지 감사해요

오냐, 내 새끼

내가 태어난 곳 유년기를 살아낸
고향의 품 넉넉지 않았다

아버지는 술병으로 세상 등지고
어머니는 도망치듯 형제 데리고 상경했다

고단한 서울, 소년의 타향살이
남편 잃은 어머니, 상처 당한 새아버지
배다른 누님 둘, 두 분 사이 태어난 막내
화목할 수 있다면 비 새는 단칸방도 보금자리였겠지
새아버지 가정폭력 끊이질 않았다

어머니 독한 맘 품고서 아들 형제 데리고
아버지 고향 찾아갔다
가시방석 시댁 분위기
유일하게 맞아준 할머니의 음성
"오냐 내 새끼" 그 따스한 환대
지금도 귓가에 맴돌고 있다

고모

워매, 내 새끼들 왔는가
우리 집으로 와
집에 있는 밥과 반찬
함께 먹으면 되제

남편 잃고
새 남편과 살아보려던
가녀린 꿈도 산산이 흩어지고
내쫓기듯 나선
두 아들과의 고단한
어머니의 삶
목포 고모네
도피성 되었다

김치 겉절이
해산물 넣은 찌개
파김치는 어찌나 맛나던지
두 공기 세 공기 먹어도
싫은 눈초리 하나 없던
고향 같은
목포 고모의 마음

이보쇼, 힘들면 우리 집 와
전쟁통 피난민처럼
두 아들 딸린
갓 서른 된 아이 엄마
피투성이라도 살려 했다

목포 고모부

워매
아다리 났네
형제가
바둑을 잘 두네

목포 고모부
아비 없는 두 형제
기죽지 않도록
바둑 해설가처럼
연신 추켜세운다
바둑 초보들인데

바둑판 닮은
세상살이
배곯지 않도록
목포 고모 마음 쓰고
살아갈 용기
가슴에 품으라고
목포 고모부 응원한다

그 모습 그 목소리

사십 년 지났어도
또렷하게 새겨진
고향 닮은
목포 고모부

바닷가 물놀이

살아온 이야기
자주 등장하는
단골 소재
바다

장터 오일장 서듯
갯벌은
망둥어 갯지렁이 바닷게들로
분주하다
갈매기 날아들면
생존경쟁에 날선 긴장

낮은 곳에 처해
선악 미추 가르지 않으니
바다는 고향 품을 닮았나

비 오는 여름날
배들이 정박한 해안가
바닷물로 뛰어든다
촉감이 따뜻하다
배 밑으로
자꾸만 미끄러진다
생사의 경계에서
어미 품이 느껴진다

생과 사

생
두 세계
만난
경이로움

사
마지막
빛나는
내려놓음

생과 사
별이 뜨고
별이 지는
우주의 노래

늙어감

손주
태어난
설렘으로
미소지음

벗
사라진
고독으로
눈물지음

얽힌 인연
실타래
풀어가는
익어감

대지로
돌아가는
추락까지
초연함

ESSAY

가족의 탄생

아비는 존재의 근원이고, 어미는 그 존재를 살려주는 모성이다. 그러기에 가족은 나의 뿌리이자 힘겨울 때 안길 수 있는 따뜻한 품이다. 물론 모든 가족이 그러한 것은 아니다. 깨지고 상한 가족이 얼마나 많은가. 가족으로 인한 상처는 아픈 시간만큼 치유의 시간이 필요하다.

대학에서 교양강의를 하다 보면 고단한 가족사로 힘겹게 살아온 학생들이 생각보다 많다. 그래서 가족의 상처와 회복에 대해 한 학기에 한 차례 정도는 학생들에게 진솔하게 필자의 이야기를 하곤 한다. 가족의 상처를 극복하고, 가족사에 얽힌 아픈 과거를 재해석할 수 있는 계기를 마련해 주고 싶은 마음에서다. 과거는 항상 고정되어 있기보다는 현재 내가 가진 관점에 따라 새롭게 재구성될 수 있다.

필자는 세 살 때 육신의 아버지를 여의었다. 어머니 말씀에 따르면 평소에는 자상한 아버지이자 남편이었으나 술만 드시면 다른 사람이 되어 폭력을 일삼았다고 한다. 술이 깨면 후회하는 일들이 반복되다가 급기야 그러한 당신의 모습을 비관하고 농약을 잡수시고 돌아가셨다고 한다. 너무 순박하고 여린 분이라 그 의지를 강하게 붙들지 못하고, 약주에 취하시면 사악한 영에 사로잡히셨나 보다.

그 후 새아버지와 함께 살게 되었다. 새아버지는 아내와 사별하신 분이셨고, 슬하에 딸 둘이 있었다. 한편 어머니는 남편과 사별하고 아들 둘이 있었으니 상처 입은 두 가족이 서로를 보듬고 행복하게 살았다면 좋았을 텐데 실상은 그러하지 못했다. 6년을 함께 살았고, 두 분 사이에 여동생이 태어났다. 잦은 다툼과 가정폭력을 이기지 못하고, 어머니는 당신 몸으로 낳은 여섯 살 된 딸아이를 남겨둔 채 두 아들만 데리고 집을 나오셨다. 그렇게 16년이 지났다. 그 사이 어머니는 딸과 한 번도 연락을 취하지 않았다. 내색하지는 않으셨지만 어머니도 모성을 거스른 데 대해 적잖이 아파하셨던 것 같다.

오랜 기간 기도만 해오시다가 1998년 하반기에 어머니께서 여동생을 찾아보아야겠다는 말씀을 하셨다. 필자 역시 가족의 회복을 위해 집중적으로 기도하던 때였다. 수소문 끝에 어렵지 않게 여동생을 찾을 수 있었다. 서울에서 ○○여자상업고등학교를 졸업하고 서울아산병원 원무과에서 근무하고 있었다. 그런데 병원 식당에서 음식을 앞에 두고 기도를 하는 게 아닌가. 그해 5월에 예수 그리스도를 구주로 영접했다고 한다. 그래서인지 자신을 버렸던 엄마를 용서하게 되었다고, 하지만 어떻게 딸을 버릴 수 있는지는 이해가 되지는 않았다고 한다.

여동생과 만난 그날, 새아버지를 뵙고 큰절을 드렸다. 그리고 그동안 어떻게 살아오셨는지 마음을 열고 경청하였다. 새아버지는 고아로 자라셨고, 사람들로부터 사기도 여러 차례 당하셨다. 그 옛날 어머니와 그렇게 갈등이 많았던 것도 조금은 이해가 되었다. 친아버지와 새아버지는 친한 친구였다는 사실도 그때 새롭게 알게 되었다. 이렇게라도 아버지라 부를 수 있는 분이 계시는 게 나쁘지 않았다.

나의 가정을 매개로 어머니와 아버지가 왕래를 하셨다. 갓 태어난 아들이 두 분 사이에서 화목동이가 되어 주었다. 그렇게 관계를 개선하는 노력 가운데 3년이 채 안 되어 두 분이 재결합을 하셨다. 여동생 입장에서는 온전한 가정이 세워진 것이다. 간혹 갈등과 위기도 있었지만 새롭게 하나 된 가정을 세우고자 어머니는 겸손한 무릎으로 하나님께 나아가셨고, 어느새 아버지도 크리스천이 되셨다. 그렇게 인생의 노년을 행복하게 지내시다 급성 간암으로 아버지는 이 땅의 삶을 마감하셨다. 그 사이에 어린 시절 새아버지와 갈등이 심했던 형님과도 화해를 할 수 있었다.

어머니와 여동생, 그리고 두 분의 누님을 모시고 매년 추도예배를 드렸다. 처음에는 서먹하기도 하고, 마음도 불편한 자리였지만 한 해 두 해 추도예배를 드리면서 서로의 삶을 돌아볼 수 있는 계기가 되었다. 10년 가까이 추도예배를 드리는 동안 누님들도 제법 살가워졌다. 어느덧 서로를 격려하고 위로하는 가족이 되었다. 상처 입고 또 나뉘었던 이들이 하나의 가족으로 탄생하는 데 30년이 걸린 셈이다. 이 과정에서 싫은 내색 하나 없이 굴곡 많은 시댁을 변함없는 모습으로 대해준 아내가 특히나 고마웠다.

이한센

월간 '한국수필'로 수필 등단(2014)
'월간시' 제9회 '추천시인상'으로 시 등단(2016)
현 브라운아이 성형외과 원장
hihasen@hanmail.net

그 시절 그 동네 1, 2, 3, 4, 5, 6, 7

ESSAY – 누렁이

message

시는 마음의 고향이다. 사람에게 있어서 가장 아름다운 작업이다. 시를 통해 나를 보고 이웃을 보고 사회를 본다. 시는 마음의 고향이자 마음의 거울이다. 시가 없는 세상은 상상할 수가 없다. 사람은 시를 쓰고 시는 사람을 만든다.

그 시절 그 동네 1
-철길 옆 작은 동네

철길 옆 작은 동네

흰구름 둥실둥실

아이들 떠드는 소리

딱지치기

구슬치기

고무줄

소꿉놀이

어른들은 안 보이고

아이들만 요란한 동네

노을이 내리면

하나둘 집으로 사라지고

골목마다 새어나오는

김칫국 냄새

철길 옆 작은 동네

새벽부터 밤까지

분주했던 그 동네

그 시절 그 동네 2
―박치기왕 김일

오늘은 박치기왕 김일과

이노끼가 맞붙는 날

여기저기 동네 사람들

테레비 앞으로 모여들어

앞자리 쟁탈전

박치기 한 방에

온 동네가 와 와

박치기 두 방에

하늘도 떠나갈듯

자던 아이 놀래서 울어대고

멍멍이도 짖어댄다

박치기로 피로를 달래던

그 시절 그 동네

그 시절 그 동네 3
―뻔데기 장수

뻔.

뻔.

디기

디기

온 동네 아이들

우르르 달려들어

돌리고 던지고

밀치고 소리치고

먹는 놈 흘리는 놈

싸우는 놈 구경하는 놈

돌아서면 배고픈 시절

신문지 깔때기에

가득 담아도

언제나 아쉬운 시절

그 시절 그 동네

그 시절 그 동네 4
−부부싸움

느닷없이 어디선가

와장창 싸우는 소리

온 동네 떠나갈 듯

고함치는 소리

양동이 내던지고

항아리 깨지는 소리

마을 사람들 쏟아져 나와

웅성웅성 모여들고

아이들 우는 소리

개들 짖는 소리

평온한 마을은 온데간데없고

그날은 밤하늘도 시커멓고

온 동네가 흉흉

술집도 풀빵 집도

일찍 불이 꺼졌다

그 시절 그 동네 5
―숙이네 집

골목길을 걷다 보니

숙이네 집

불현듯 어떤 날은

그리로 향해

근처를 서성이다

인기척이 나면

도망치곤 하였다

왜 그랬는지

무엇 때문인지

알 턱이 없지만

수시로 두근거리던

그 시절 그 동네

그 시절 그 동네 6
−약장수

세상 사람 모두 모인 듯

영등포역 광장

연인 기다리는 처녀

자식들 찾는 짐 보따리 노인들

약장수 북 치고 장구 치고

"일단 한 번 잡숴 봐~"

맨손으로 벽돌 깨부수고

밧줄 물고 차를 끌고

"애들은 가라~"

저마다 약병 받아들고

떠날 줄 모르는 구경꾼들

지금은 볼 수 없는

그 시절 그 동네

그 시절 그 동네 7
-원맨쇼 아저씨

요란한 북소리에

온 동네 아이들 모두 집결

낯선 아저씨 원맨쇼에 배꼽을 잡고

신기한 얘기에 귀들이 쫑긋

이윽고 어병한 아이 바지를 내리더니

아랫도리에서 허연 지렁이를 꺼낸다

모두가 충격의 도가니

저마다 주머니 털어

뭔지도 모르고 먹고

그냥 정신없이 살아 온

그 시절 그 동네

ESSAY

누렁이

이른 새벽 잠에서 깨어 아버지가 계신 곤지암으로 차를 몰았다. 홀로 되신 뒤로 틈만 나면 눈물을 보이시더니 요즘은 채전을 가꾸시며 이런 저런 소일거리로 겨우 기운을 차리시는가 하였는데, 이웃집 할아버지마저 돌아가시면서 당신이 키우던 흰둥이만 남겨주니 아버지는 이제 아침저녁으로 그 흰둥이를 바라보며 허탈한 빛이 가득하셨다.

곤지암에 도착하니 아직 해뜨기도 전이라 사방이 어둑하였고 흰둥이만 컹컹 짖어댔다. 불이 다 꺼져 있고 아버지도 계시지 않는 듯하여 그저 정신없이 반가와 매달리는 흰둥이를 풀어 이리저리 산책을 시키고 개밥과 물을 주고는 다시 차에 올랐다.

아버지는 혼자 있기가 싫으신 것인지 틈만 나면 집을 나가시는 듯하다. 교회 친구들을 만나기도 하시고 별로 내키지는 않아도 마을회관 노인들과 어울려 여행도 다니신다. 아버지는 평생을 순박하게 사시면서 교회만 다니셨으므로 세상의 음주가무와는 거리가 멀었지만 함께 나이 들어가는 노인들끼리 이 얘기 저 얘기 나누시면서 나름 즐거우신 모양이었다.

나는 아버지와 나, 그리고 나의 아이들을 번갈아 떠올리며 시간의 흐름 속에 사람의 인생이란 참으로 잠깐에 불과하다는 생각을 해 본다. 십 년, 백 년, 천 년…. 끝없이 길어지는 이 시간들도 더 큰 세월에 비하면 아주 잠깐뿐인 것이다.

저녁에 집에 돌아와 아버님께 전화를 걸어 아침에 곤지암 집을 다녀왔던 일을 말씀드렸더니 아버지는 그 시간에 곤지암 집에서 주무시고 계셨다고 하시면서 "거기까지 와서 개만 보고 아버지는 찾지도 않고 갔느냐?"며 나무라셨다. 너무 컴컴하고 적막해서 '딴 데 가셨구나' 생각하고 들여다보지도 않고 개만 보고 온 것이다. 죄송하다고 말씀을 드려도 "형도 아버지를 버렸다." 하시면서 노여워하셨다. 형은 몇 해 전부터 무엇 때문인지 아버지께 인사가 점점 뜸해지더니 요즘은 바쁘다는 핑계로 안부전화조차 드리지 않았다. 짐작하는 바로는 어머니가 돌아가신 후 얼마 되지 않아 아버지가 우연히 오래 전 이성 친구분을 만나게 되었는데, 이 일로 이모들의 심기가 불편해진 차에 외국에 있던 형수가 이를 전해 듣고 아버님께 불편한 말씀을 여쭈었다. 그 일 이후로 형조차 아버지를 멀리하기 시작한 것이다. 형이 그 때문에 아버지를 멀리하는 것인지는 사실 알 수가 없는 일이다. 내가 물어도 대답이 없고 그저 바빠서 그렇다는 말만 반복하였다. 나도 마침내 화가 나서 "아무리 자식이 아버지에게 못마땅한 일이 있어도 그러면 되겠느냐?"고 몇 차례 쓴소리를 뱉어냈지만 달라지는 것은 없었다. 오히려 형의 자녀들마저 명절이 되어도 할아버지께 인사 한마디 전해오지 않으니 할아버지 심정은 타들어갔다.

그러던 터에 내가 오늘 아침 곤지암까지 가서 아버지는 찾지도 않고 개만 보고 온 것이니 아버지는 서운함이 터져서 속상한 말씀을 참지 못하신 것이다. 나는 왜 그랬을까. 답답하고 괴롭다. 그러지 않아도 가까운 사람들을 차례로 떠나보내고 딱히 의지할 사람도 없는데 자식들마저 이렇게 미련한 짓들을 하고 있으니 아버지는 얼마나 속이 상하셨을까. 마땅히 아버지부터 찾을 생각은 하지 않고 쓸 데 없는 개새끼만 챙기다가 시간을 보내고 돌아왔으니 공연히 원망이 밀려

온다. 개만도 못한 짓을 저질렀다. 내가 그같은 잘못을 할 때 마른하늘에 날벼락이라도 한 차례 때려주면 정신이 번쩍 들 터인데…. 별 쓸 데 없는 생각을 해본다. 하긴, 사람이 잘못을 저지를 때마다 하늘이 그렇게 해준다면 세상에 죄 지을 사람이 있겠는가. 산은 말이 없고 하늘은 끝이 없어 사람의 일에 일일이 간섭하지 않는다. 아무도 사람에게 간섭하지 않으므로 사람의 행위는 본인이 책임을 져야 하는 것이다. 그러니 자유는 마냥 좋은 것이 아니다. 어릴 때에는 부모가 매를 들고 꾸지람을 주므로 아이들이 괴로움 속에서도 발전하는 것이지만 어른이 되어서는 아무도 간섭을 하지 않고 잔소리를 하지 않으므로 스스로 판단하고 행동하고 책임을 져야 하는 것이다. 누구를 탓하랴.

이향연

'월간시' 제32회 '추천시인상'으로 시 등단(2022)
ku1ku12727@naver.com

꿈꾸는 대나무
고향의 기억
먼지 쌓인 비자나무
멈춰버린 엄마의 장어탕
엄마의 숲 1
엄마의 숲 2
울 엄마
아버지의 문
말하지 못하는 달
나이가 들어간다는 건

ESSAY – 개구리들의 합창소리

message

언제부턴가 시는 고단한 일상의 도피처가 되었다. 시는 안식의 한 공간을 기꺼이 내어주었으며 그래도 웃어지는 인생길이 되었다. 시는 항상 반갑게 맞아주는 고향이며 그리운 엄마 품이다. 가만히 눈을 감으면 바스락거리는 대나무 숲이 떠오른다. 때론 거친 파도 같고 때론 잔잔한 호수 같은 물결이 인다. 대나무 숲이 그립다. 고향은 그리움이다. 사랑하는 부모님이 그립고 비자나무 아래 뛰어놀던 유년의 추억이 그립다. 따스한 햇살과 바람까지 모두 그리움이다. '대나무의 고운 춤'은 나를 반갑게 맞아주는 고향이며 동시에 행복한 내 마음을 표현한 것이다. 또한 부모님의 모습이기도 하다. 삶의 많은 것들이 변해도 변하지 않는 추억이 살아 있는 곳, 고향은 떼려야 뗄 수 없는 사랑이다. 시처럼.

꿈꾸는 대나무

대나무는 선 채로 미동이 없다

겨울잠을 자듯 꼼짝하지 않는다

3미터나 자란 대나무는

추운 겨울밤을 울지 않고 서 있다

아마 매화의 새 가지처럼

밤새 키가 크는지도 모른다

운암산 중턱에서 찾은 자라석*도

시골집 옆 마당에 누워있는 돌절구도

숲을 이룬 대나무도

송죽암*의 정신만 못하다

죽은 듯 화석처럼 굳어져

겨울밤을 지새우는 대나무는

무슨 꿈을 꾸고 있을까

*자라석 : 아버지가 운암산에서 찾으신 수석.
*송죽암 : 월산 김기동의 정신을 일컫는 단어로, 소나무와 대나무와
 바위처럼 굳건한 의지를 표현함.

고향의 기억

고향에 다녀오면
고향이 또렷해져
열 번이고 백 번이고
기억할 수 있다

나를 기다리는 줄만 알았는데
한 번 가면 열 번 다가와 주니
고향은 고향이구나

실향민 고향 찾고 싶어
구슬피 우는 울음
매순간 꿈처럼
농사를 짓고
장작을 태우고
오솔길을 걷는
고향의 소리

고향은 열 번이고 백 번이고
추억을 꺼내주는
신비한 곳간
보물이 가득 묻힌 곳

먼지 쌓인 비자나무

매일 피곤이 쌓이듯
쌓여만 가는 시들은
산더미처럼 압박하고
오늘만 오늘만을 되뇌다
저무는 하루하루

유년의 키 큰 비자나무
어린 것들 하나둘 모여
술래잡기 땅따먹기 고무줄놀이에
신나서 푸르렀건만
아기 울음소리 끊어진 고향
하루하루 견디기 힘겨워
흙먼지에 시들어 가고

떫었던 비자 열매
그래도 추억을 내어주고
오늘도 시는 또 쌓여만 가고

멈춰버린 엄마의 장어탕

대파 향기를 알 때쯤
철이 든다
뜨끈한 국물이 식도를 타고
장을 따뜻하게 할 때쯤
철이 든다
시원함의 의미를 아는 건
철이 든 것

이제는 멈춰버린
엄마의 장어탕
뜨거운 불 앞에서
수없이 담아내던 사랑

수명 다한 장독대는
우두커니 서 있고
마당 한편 돌절구는
모로 누운 채 잠자고 있다

허기진 아침
꾸역꾸역 국물에 밥을 만다

엄마의 숲 1

엄마는 자기를 잃어버린 새
자식이 행복하면 행복하고
자식이 불행하면 불행한 새

엄마의 저울은 고장 난 지 오래
자식의 말이면 귀가 커지고
자식이 말하지 않으면 침묵하는 새

엄마는 늘 걱정하는 새
동이 터서 붉은 노을이 질 때까지
하늘만 바라보는 새

엄마는 푸른 이끼를 물어오는 새
착한 이웃들과 가족을 이룬 새
나는 엄마 닮은 아기 새

엄마의 숲 2
-황금 소나무

엄마는 80년 동안 한 번도
엄마의 숲을 떠나지 않았다
황금 소나무처럼

자식들 살리기 위해
죽어도 죽겠다 말하지 않았다
천기목天氣木처럼

엄마의 숲은 항상 푸르다
사계절 꽃 피고 나비가 난다
따뜻한 그리움처럼, 고향처럼

울 엄마

자식 많은 울 엄마
구멍 난 속옷 입고도
행복했다

아파도 묵묵히 참으며
자기 입보다
자식 입 걱정했다
열 손가락 깨물어
안 아픈 손가락 없다던
울 엄마
늘 행복했다

철난 자식 효도하려 하나
서산의 해는 급히 달려가고
기다려 주지 않으니
불효자식은 울고
그 사랑만 남는다

아버지의 문

볕들지 않는 방에
아버지의 마음이 있어

녹슨 철문이
삐걱거리고

감옥 같은 어둠은
구름처럼 가득해

햇살 한 주먹 먼지 한 톨
허락할 틈이 없어

언제쯤 열린 문으로 들어가
겨자씨 하나 심을까

일곱 살 전쟁의 기억은
평생 볕들지 않는 방에서 살고 있어

볕들지 않는 방에
아버지가 아버지를 가두고 있다

말하지 못하는 달

고향 소식 그리워 기다려도
너는 미소 짓기만 해
말하지 못하는 웃음
진실이 궁금해

늘 떠날 궁리만 하는 이여
그리움도 서러움도 가져가세요
미소로 다가왔던 것처럼

적막한 산속
친구들 다 떠나고
살았던 흔적은 증인처럼 서 있고
메아리는 사람이 그리워
이산 저산 떠도는데

깊은 계곡 흐르는 달빛 아래
보고 싶어 한숨, 외로워서 한숨
말하지 못하는 미소만
덩그러니 남겨두고 떠난 자리
메아리는 왜 그리 넘실대나요

나이가 들어간다는 건

나이가 들어간다는 건
집도 짐이 되는 것
아름다운 그림 펼쳐놓으려 해도
할 수 없는 것

나이가 들어간다는 건
사랑 줄 힘이 점점 부족해지는 것
농부이신 부모님의
창고가 점점 비어가는 것

나이가 들어간다는 건
거울 앞에서 실망하다가도
열심히 살았던 혼적 같아
고마워지는 것

나이가 들어간다는 건
모두가 보이는 것
나이 들면 마음이 커져서
행복한 숲을 이루는 것

ESSAY

개구리들의 합창소리

　며칠 전 교회 식구들과 함께 금요 기도회를 다녀오는데 산본 2동 주민센터 옆 공터 쪽에서 개구리들의 합창 소리가 들렸다. 처음엔 무슨 소린가 했지만, 비가 온 뒤라서 그런지 어두운 밤 그렇게도 우렁차게 개구리들이 존재감을 드러내는 것이었다.
　도시에서 여름날 밤 듣게 되는 개구리 울음소리에 문득 고향 생각이 났다. 초록이 우거지고 울타리콩, 옥수수가 익어갈 때 평상에 모기장을 치고 온 식구들이 둘러앉아 소담소담 이야기 꽃을 피우던 밤이 생각났다. 그때도 개구리 울음소리가 우렁찼었다.
　아빠는 마른 풀잎이나 모싯대 같은 것으로 모깃불을 피우셨다. 한 집 걸러 친구 차숙이네 집에서도 모깃불 연기가 피어오르고 있었다. 그때는 저녁이 되면 집집마다 모깃불을 피웠다. 지금 같으면 저녁 식사 후 가족들이 거실에 모이는 것 같이, 예전에는 저녁 식사 후에 시간을 마당에서 가진 셈이다. 얼마 전 차숙이 어머니의 소천으로 장례식장에 갔는데, 차숙이는 우리 집에서는 항상 웃음소리가 끊이지 않아 부러웠다고 얘기해 주었다. 일찍 아빠를 잃은 차숙이의 마음을 새삼 알게 되어 나는 갑자기 짠한 생각이 들었다.
　추억이 살아있다면 모든 곳은 고향이다. 유년 시절 꿈을 꾸던 곳도 고향이요, 언제든 찾아가고 싶은 곳도 고향이요, 연로하신 부모님이 밭일하시는 곳도 고향이다.
　결혼하여 20년 이상 머문 산본이라는 도시도 나의 제2의 고향이라고 할 수 있다. 세련되지는 않지만 소박한 인심, 큰 재해 없이 조용히 자녀를 양육할 수 있는 곳, 고향이란 그렇게 나를 품어주고 지켜주는 곳이라 생각한다. 잘 자라게 지켜주는 울타리와 든든한 기둥과 같은 곳이라 생각한다.

얼마 전 TV 프로그램에서 자녀들에게 고향을 만들어 주고 싶어서 귀촌을 결심했다는 젊은 부부를 보았다. 고향이란 가치를 매길 수 없는 무언가를 품고 있는 귀한 보물이기에 찾아가는 것이 아닐까.

나는 정지용의 시 〈향수〉를 좋아한다. '넓은 벌 동쪽 끝으로 옛이야기 지줄대는 실개천이 회돌아 나가고, 얼룩빼기 황소가 해설피 금빛 게으른 울음을 우는 곳, 그곳이 차마 꿈엔들 잊힐리야' 옥천이 내 고향은 아니지만 정지용 시인의 고향과 이입할 만하다. 첨단 인공지능 시대라지만 나는 정겨운 것이 좋다. 엄마가 끓여주시던 된장국 같은 구수함이 좋다.

고향은 지금 키 작은 옥수수가 익어가고 있을 것이다. 개구리들도 시원하게 목청을 뽐내며 한 시절을 누리고 있을 것이다. 개구리 소리가 일깨워 준 나의 고향엔 언제든 꺼내어 주시는 부모님의 사랑이 있어서 좋다. 언제든 꺼내어 볼 고향이 내 안에 살아 있어서 좋다.

임하초

'월간시' 제9회 '추천시인상'으로 등단(2016)
'월간시' 제정 '올해의 시인상' 수상(2018)
현재 서울시인협회 사무차장, 시인문학회 회장
시집 〈영혼까지 따뜻한 하늘 우러러보다〉 〈나는 시소를 타고 있다〉
hacho3232@hanmail.net

월산, 그 찬란한 밤
달빛 고향
꽃물
그 들판에서 하프 소리 들린다
조치원 순대 국밥집
헐렁한 바지
옥수수 수염에 범벅되다
무지개와 지게
하얀 고향의 꽃
업어도 무겁지 않을 때 사랑이다

ESSAY – 단감의 첫 맛

message

생의 골목마다 아픔이 흐르고, 토악질
고함을 질러대다가 온화함을 다시
느끼고자 나는 고향을 생각합니다. 당신이
준 사랑이 거기 남아있길 바라는 마음이며
그렇지 않더라도 스스로 성숙해야 한다는
다짐으로 어머니를 그리곤 합니다.
어머니의 인연은 내 손이 되고 발이 되고
눈이 되고 하염없이 생을 시작하게 되었고,
어머니 품에서 젖을 먹던 때를 상상하는
것은 버둥거림을 달래준 손길이 그립기
때문입니다. 그래서 우린 결국 고향을
생각하며 힘을 냅니다.

월산, 그 찬란한 밤

소박한 지붕에 함박눈 덮이면
세상은 비단결에 고요히 잠들어
설레는 아름다움 한 번 더 훔쳐보고
별빛 다닥다닥 쏟아진 월산의 진실에 울었지
그 세월 고맙소

가슴과 가슴으로 품어 준 여인아
앞산에 진달래꽃 서럽게 피고 지던
어여쁜 고향 집 눈가에 어린다

뽀오얀 달빛이 잠이 든 옹달샘
뛰놀던 고갯길 어디서 다시 볼까
허전한 그리움에 창문을 열어보니
노을 자작자작 머물던 월산의 가을을 노래한
그 누이 보고파

얼굴과 얼굴을 마주한 여인아
차가운 서리꽃이 손끝에 아리던
친구랑 옛 동산 잠결에 걷는다

달빛 고향

교회당의 종소리
처마를 흔들고
잠이 든 푸른 기와집
늙은 개 둘이서
아우라 맞추어
제 주인 흉보는 밤
달뜬 고향 마당
은빛이 출렁이고
마루 끝에서 어제처럼
엄마가 그리워
쉬 잠들지 못하더니

은행나무 그림자
담벼락 흔들어
고양이 걸음 멈추고
늦은 밤 소쩍새
아우라 맞추어
가을을 부르는 밤
달뜬 도랑물에
은빛이 깊어가고
별이 쏟아진 빈 골목에
동무를 기다려
달무리는 하염없다

꽃물

나팔꽃이 그랬고
채송화가 그랬고
봉숭아도 늦지 않게 모종하면
요염하게 바람과 햇살이
빈자리 뜨겁게 품었지

할머니는 지금
화분의 꽃을 보며
어떤 것을 추억하시나

올해는 화분 하나에 한 그루만 심어야지
다리 맘껏 뻗도록
마디마디 튼실하게 굵어지도록
빨간 입술 실컷 헤벌쭉 웃도록

한 생애 비좁았던 아침상과
오그려 자던 구들방과
입틀막으로 웃음 참던 골목길마다
할머니는 다 그리운 날들일 거야
손톱에 꽃물 곱던 그날이 더욱

그 들판에서 하프 소리 들린다

가자 친구야
푸른 기와집 아이가
숭모각* 계단을 천천히 오른다
새끼 우렁이 그네 타는 오후
하얀 옷자락 펄럭이는 황새 한 마리

장다리꽃 피고
냉이꽃에 아지랑이 비비고
짙푸른 벼이삭 비비는 여름 소리
하프 소리처럼 평화롭다

가자 동무야
달빛 메고 강변으로
별빛이 가득해 천천히 걷는다
금강 나룻배 연수 노래 따라
뽀얀 살구빛 미소 따라 노젓던 추억

기러기 떼 날고
산자락의 찬바람이 쌓이고
노오란 은행잎 쌓이는 가을 소리
하프 소리처럼 평화롭다

*숭모각 : 세종시 전월산 아래 세워진 임난수 장군 등 위패를 모신 곳으로, 부안 임가의 정신적 지주 역할을 하며 마당에 천연기념물인 은행나무 암수가 서 있다.

조치원 순대 국밥집

마늘 장사할 때는 먹고 싶어도
비싸서 언감생심이었다네요
아는 집이 진짜라고
시장 골목 순대 국밥집을 찾아 찾아듭니다

'아들도 딸도 다 데리고 왔으니
순대는 넉넉히 줘야 혀'
주인의 대답은 늘 풍성합니다
'아줌니 걱정 마셔요 잘 줘슈'

엄마 단골집은
아들 단골집으로 대를 잇고
고향집 들마루같이 엄마 손이 바쁘셨지요

엄마랑 배부르면 그곳이 고향이지
제비 새끼처럼 벌어진 입마다
웃음도 순대도 가득해
검은 순대에 하얀 막걸리 건배하던
조치원 순대 국밥집 안녕하신지

헐렁한 바지

모자도 헐렁하고
바지도 헐렁한 허수아비는
아버지의 의붓자식같이
장남평야에 하나둘 늘어난다

푸름이 한창 힘센 들판에
말없이 하염없이
서 있는 색 바랜 허수아비는 분명
가을바람을 부르고 있다

여름 내내 논바닥 기면서
나락 영글도록 용기를 주던
늙은 우렁이
물 빠진 볏잎 사이에서 그 바람 알고
고개를 깊이 파묻고

제비도 깃털이 시러워
허수아비 위에서 서너 날쯤
춤 사위로 바람을 바람을 털고
먼 길 떠났지

기러기 울음 스밀 때쯤
논둑이 허전할 때쯤
아버지 따라온 허수아비
헛간에 헐렁한 바지 걸어 두고
편한 자세로 긴 겨울 아직 보낸다

옥수수 수염에 범벅되다

한낮 땡볕이 원수산에 다다르면
정자동 교회 동촌 교회 번갈아 종 울려
들판 구석구석 평화를 축원하고
황새도 평화로운 날갯짓으로
여운을 이어가며 여운을 이어가고

오늘은 어머니랑
막다른 앵청이 논을 향한다
이렇게 가면 막다른 논이지만
앵청이 옹달샘에서 올 때는 첫 논이다

붉디붉은 옥수수 수염에
햇무리 범벅되어 흔들거리고
고놈 고놈 숨은 애호박 찾아내고
노을에 환히 웃는 엄마 모습 평화롭다

원수산 위 개밥바라기에
동네 개가 왜 짖는지
아마도 옥수수 익는 냄새가 좋아서
겠지

여기 누우라는 몇 마디 하다 말고 잠든
엄마 얼굴에 달무리 뜨고
힘찬 잠꼬대에 어둠이 사랑스럽고 고맙다
엄마는 잠든 내 얼굴을 볼 때
얼마큼 행복했을까
머리카락 얹어주는 손길이 떨렸었지

무지개와 지게

매미 소리 유난히 청아해져
나락 익는 소리가 들렸을까

낮잠 깬 아버지 가방처럼 지게 매고
파란 들길로 덤벙한 걸음으로

무성한 콩대 사이로
논둑을 느리게 걸으셨지

지게 그늘에 급히 앉으면
아버지 적삼에 소낙비 찾아들고

살포시 지게에 머문 무지개
황새가 멋쩍어 저만치 물고 가면

여름을 퍼 나르던 지게에
무지개 닮은 가을 쉬 지고 오셨지

하얀 고향의 꽃

눈앞은 온통 하이얀 메밀꽃
북향집 뒤뜰은 고운 햇살 흐드러져
비탈진 산자락은 꽃길 삼아 걸었지
사랑마루에 외등 켜두면 어머니랑
메밀묵이 정겹던 가을밤이 그리워라

빈 뜨락에 달빛 내려앉고
북두 칠성 뚜욱뚝 마당에 떨어지면
비단처럼 곱디고운 고향 그리워

소백산 고갯길 하이얀 찔레꽃
아흔아홉 구비길 꽃향기가 흐드러져
찻잔 속 찔레향 당신 향기로 다가와
벚꽃 활짝 핀 길은 수채화 풍경되어
따뜻한 내 찻잔을 오래오래 감싸주네

빈 뜨락에 여우비 살짝 내려
금빛싸라기 빗방울로 풀잎에 반짝거려
별빛처럼 아름다운 고향 그리워

빈 뜨락에 여우비 살짝 내려
은빛싸라기 빗방울로 풀잎이 반짝이네
은하 물결처럼 아름다운 고향 그리워

업어도 무겁지 않을 때 사랑이다

열 번을 불러도
또 불러 주길
보고 있어도
눈 깜박임도 아까운
잘 먹는 모습 보기만 해도
내 배가 부른
그런 날이 엊그제다

엄마 냄새 좋다고
젖꼭지 더듬던
깡충깡충 노래 부르고
방그레 잠든 얼굴 평화롭다
엄마 아침이 왜 왔어?
뽀얀 아기 냄새로 와락 안기던
그런 날이 어제 같다

용돈이 필요하다는 문자
고맙고 설렌다
졸업 후 취업하면
엄마 밥도 용돈도
필요 없다 할 텐데

짙은 아들의 향기 남기고
막 현관을 나서면
넉넉히 못 줘
미안할 뿐
오후 내내 허전하다

ESSAY

단감의 첫 맛

햇살 좋은 텃마당에 아버지는 내 키만 한 어린 감나무 몇 그루를 심고 흙을 토닥거리고 잘근잘근 밟고 뒤로 물러서며 혼잣말이지만 내 귀에 다 들렸다. "나는 못 따 먹어도 손자는 먹을 수 있을 거야."

바르게 심어진 나무는 나보다 빠르게 잘 자랐고 그렇게 몇 년이 지났는지 감나무에 감꽃이 피었다고 아버지는 감나무 주변을 돌면서 "거참, 거참."하셨다. 감나무에 감이 열리는 것이 당연한데 마루에 앉아 계시면서도 신기하다고 하셨다. 잘 자란 감나무에 큰 감이 서너 개 달렸고 노을빛을 닮아 붉게 잘 익어 보기 좋다고 연신 웃으셨다. 그러나 어머니는 감나무가 더 커지면 배추밭에 그늘진다고 걱정하셨다

드디어 아버지는 잘생긴 감을 땄다. 긴장한 듯 한입 베어 잡수시더니 화색이 만발하시며 "그래! 잘 익은 단감이다. 맛있다!" 하셨다. 홍시보다 맛있을까 하는 생각으로 받아먹었더니 단감이 정말 단감이었다. 홍시보다 달고, 대접감보다 크고 둥근 것이 태가 예뻤다. 껍질이 연하고 식감이 사각거리는 맛이 씹을수록 단맛이 입에 고였다. 서너 개 달린 감의 크기가 고르고 제법 탐스러웠다. 태어날 손자에게 좋은 먹거리를 마련하셨다는 기쁨이 큰지 아버지의 고맙다는 말에 단감은 보답이라도 하려는 듯 해마다 감은 더 풍성히 열렸고 맛은 그대로였다.

마당에 심은 몇 그루의 감나무로 우리는 남의 집 홍시를 주우러 다니지 않아도 되었고, 아버지는 감이 익을 때 손자가 오길 기다리셨다. 그러나 큰오빠는 사업이 바쁜지 쉽게 시골집에 자주 오지 못했다.

큰손자가 단감을 아직 먹어보지 않았는데, 아버지는 교통사고로 갑작스레 돌아가셨다. 감이 잘 익던 가을이었다. 그 슬픔으로 감나무는 누구도 기억하지 않았다. 감나무는 여러 해 잘 자라 굵은 감이 빛깔 좋게 열려 있었겠지만 누구도 눈길을 주거나 감 맛을 감탄하는 식구가 없었다. 어머니만 혼자서 고향 집을 지키며 농사를 지으셨다. 고향에 다니러 가면 보따리에 단감을 넣어 주시면 몇 개 받아 들고 눈물

을 숨기며 기차를 타고 영등포로 향했다.

양화리는 수도 이전 지역으로 낙점되어 세종시가 되어 고향 집마저 헐리게 되었다. 그해 가을 집이 헐린다는 통보를 받고 아쉬움에 모두 시골집 마당에서 마지막으로 삼겹살을 구워 먹었다. 추억을 남기기 위해 우리 집 구석구석을 사진에 담아 두었다. 뜨락 햇살에 빛나던 하얀 은행과 고추들, 대문 옆 빨간 앵두를 먹던 내 모습도 역력히 생각난다. 봄이면 상추가 잘 자란 텃밭에 장다리꽃이 피었고 노랑나비가 날던 담벼락 주변도 일일이 눈길이 머물렀다. 수도꼭지에 달린 고드름도 생각나고 이른 봄에 내린 눈을 곱게 받아 들던 매화도 보이는 듯하다. 노란 은행잎이 수북이 쌓이던 기와지붕의 양철 물받이와 떨어지는 빗물에 마당 진흙을 씻던 오빠와 동생의 모습도 생각난다. 늘어진 빨랫줄에서 날아가는 고추잠자리 따라 텃밭을 찍다 보니 빨간 단감이 사진 속에 쏙 들어왔다. 그리곤 문득 첫 단맛을 보시며 흐뭇해하시던 아버지가 마루 끝에 앉아서 감나무를 칭찬하던 모습이 생각나서 갑자기 울음이 터졌다. 자식들 둘러앉아 단감을 먹던 날이 없었으니 얼마나 서운하셨을까. 큰 손자 한 개 더 주려고 얼마나 아껴 두셨는데 그리움보다 죄송한 맘에 복받친 눈물을 멈출 수 없었다. 서로 말을 아끼며 눈물을 보이지 않으려고 오빠는 "나랏일인데 어쩌겠냐." 하며 돌아서서 은행나무를 올려다봤다. 그 모습마저도 아버지 같다.

단감들은 마지막 아버지의 맘을 전해주고 싶어 사진 속에 쏙 들어왔나 보다. 고향의 가을색이 거기 다 있고 아버지의 지조처럼, 변함없는 모습처럼 제 몫을 하여 형제들 우애 있게 살기를 바라는 맘을 사진 속에서 더 선명하게 말하는 것인지도 모른다. 주렁주렁 달린 모습처럼 다복하고 번창하게 살아야겠다.

단감나무가 있던 고향 집이 노을빛에 빛나던 모습을 기억하며 우리는 고향을 떠났다. 집이 헐리면서 감나무는 누구네로 갔는지 알 수는 없다. 그 감나무에 감꽃이 노랗게 필 때면 누군가가 신기하다고, 감 맛이 좋다고 칭찬해 주었으면 좋겠다. 어느새 오는 가을에 첫 열매의 맛 그대로 그 모습대로 살아가는 자연물처럼 우리 가족도 첫 마음을 새기고 아버지의 품위를 지키며 살아야겠다.

한나나

충남 장항 출생
'월간시인' 제1회 신인상으로 등단(2023)
서영대학교 사회복지행정과 졸업
현 (주)프렌즈언어심리발달센터 청소년 상담사
tjdwnehd7705@naver.com

내 고향
마당
그리워지는 날
사랑
일기
봉선화
할머니 고무신 한 켤레
정
철길에서 피어난
기도

ESSAY - 고추장

message

겨울이 남아 있던 열다섯의 이른 봄날 처음 고향을 떠나던 그때 장항역 기찻길 틈새로 피어났던 민들레꽃이 있었습니다. 그 민들레는 홀씨되어 날아 그 다음해 내가 있던 기숙사 창 아래에 노랗게 피어나 친구가 되어 주었고, 결혼을 하던 해 봄에도 홀씨되어 날아와 발걸음 닿는 곳곳에 피어나 저의 마음에 별이 되어 주었습니다. 아이를 낳았을 때에도, 서른을 보낼 때에도, 마흔을 넘길 때에도, 기차역의 그 민들레는 나를 잊지 않고 인생의 곳곳에 스며들어 친구로, 혹은 사랑으로 머물러 주었습니다. 그날의 내 고향 장항역 기차를 기다리며 민들레를 바라보던 열다섯의 마음으로 시는 저를 데리고 갑니다.

내 고향

금강 물줄기 끝자락
바다와 맞닿은 자그마한 항구 도시

올라서면 바다가 보이는 승봉산이
성주동 마을을 아담하게 감싸고

산허리 반을 도려내며
돌을 캐내던 채석장이
아직도 아픈 자리로 남아있어
위로라도 하듯
노란 유채꽃이 피어나 있다

나는 그곳에서

반짝이는 별을 보았고
갈매기의 꿈을 입었고
사랑을 먹고
용기를 심었었다

누구 하나 가난하지 않은 이가 없어서
부유했던 곳

철없이 해맑게 뛰어놀아도
부족한 것이 없었던 곳

다시 가고 싶은 마음
숨길 수가 없어서

나는 지금도 나비가 되어
아름다운 그곳에서
날갯짓을 하고 있다

마당

소나무 아름드리
돌계단 올라
잔디 예쁘게 가꿔진
그곳에는

참나리꽃
접시꽃
붓꽃
하늘하늘 어여쁜
여름 나비 한 마리

작은아빠 호미질에
노오란 오이꽃
방울방울 포도알
수줍은 풋사과

반갑게 꼬리 흔드는
작고 귀여운
강아지 한 마리

얼굴 보며 마주 앉아
도란도란 즐거이
옛이야기 나누는
고향 집 정다운 그곳

그리워지는 날

작은 아버지
뒷짐 진 걸음을 종종 따라가면

잘 다듬어진 잔디에 흠이 날까
한쪽으로 돌아서도 지나고
이름 없는 서너 곳도 지나서

여긴 참 잘해놨구나
꽃도 잘 피었네 하는 누군지 모를 자손
칭찬도 들어가며

이름 없을 들풀 마구 자란
정성 없는 봉우리
여기저기 순서도 없이 솟아있는
가엾은 공동묘지를 밟고 가로질러서야
우리 할머니 무덤가에 다다른다

오는 길이 험하고 무서워도
머윗대 들깨가루에 들들 볶고
조기 두 마리 연탄불에 구워
된장 냄새 구수한 밥상이 차려진

비 오는 날 언덕 위 고향 집
툇마루가 보일 것 같은
그 향수가

작은 아버지 뒷짐 진 걸음 따라
오른 그 길에서
피어난다

사랑

눈물이 쏟아질 것만 같은
장항 제련소가 보이는
작은 아버지 그림 한 장에는

오랜만에 고향 동네에
놀러 온 조카들에게
선뜻 다가오지 못하고
길모퉁이 서성이며
그저 지그시 바라만 보는
당신의 마음과

그렇게도 애써봤던 삶의 언저리에
고단함과 아쉬움만 남고
어린 조카들에게 향했던
애틋함이 그림에 녹아
더 살뜰히 보살피지 못했던
못내 미안한 마음까지

그림을 보는 내내
나의 가슴에도 고스란히
서럽게 새겨집니다

일기

방문을 열면
쏟아지는 아침햇살이
나의 잠을 깨운다
마당 한쪽 수돗가 양은 세숫대야에
물을 한 바가지 퍼 담아놓고
쪼그리고 앉아 눈곱을 떼고

밴댕이 젓갈 대접에 담아 밥솥에 쪄내고
아삭하게 익은 열무김치 차려진 밥상 앞에 앉아
아침 양식을 감사히 먹고 나면

염소 매러 산에 가기
토끼 밥 주기
학교 가서 졸기
나머지 공부 땡땡이치기
책가방 마루에 던지고
동네 아이들 불러
고무줄놀이
땅따먹기

술래잡기
공기놀이
온 동네 휘젓고 놀다가

내 마음 가득 채워진
마당에 핀 국화꽃 생각에
집으로 뛰어와
고사리손 모아 물 날라 뿌려주고
코끝을 바짝 대고 은은한 향기 온몸에 들이마시면
오늘 나의 하루가 끝이 난다

책가방은 내일 아침에 열어보기로 마음먹었으니
오늘도 수고했다

봉선화

빨간 꽃송이 한 줌
분홍, 흰 꽃송이도 한 줌
초록 잎 한 줌
백반 가루 넣고

달 밝은 한여름 밤
고향 집 마당에서
일곱 살 동생이랑
둘이

돌절구에
찧어

열 손가락 손톱 위에
살포시 올려 두고

검정 비닐로 덮어
무명실로 묶고

두 손
베개 옆에 곱게 모아
설레는 하룻밤 세어 보자고

첫눈이 올 때까지
붉으면
첫사랑과 이루어진다고

할머니 고무신 한 켤레

오래된 옛집 뒤꼍을 돌다가
뒤엉켜 있는 나무장작 사이로
곱게 놓인
흰 고무신 한 켤레

무심한 세월 말이라도 하듯
발꿈치 오래된 흙덩이 안에서
솔이끼 우산이끼
제멋대로 부대껴 자랐네

닳아진 고무신 바닥은
옴팡지게 걸었을
인생의 마디가 새겨져 있고
말하지 않아도 알 것 같은
고집스러운 삶의 여정은
오래된 고무신에 그려져 있다

곱다
닳아져 갈라진 흰 고무신도
그 안에서 자란 이끼들도
곱게 벗어두고 가 버린
주인장 마음 같아
참 곱다

정

고모네 집 마당에
돗자리 깔고 밥상 펼쳐
닭장 위에 널어두었던
조기 두어 마리 굽고

권사님네 나물 반찬
명순이네 멸치볶음
작은아빠 밭에서
상추 고추 따다가
수돗가 시원한 물에
씻어 올리고

지나가던 고모 친구
불러 앉혀
숟가락 하나 더 놓으면

이 집 반찬 저 집 반찬
양념 원산지도 반찬 삼아

한 동네에서
이렇게 사는 거지

뭐 있나
한다

다 같이 둘러앉아
밥 먹으면서

철길에서 피어난
—장항역에서

거기서도

피었구나

그렇게도

예쁘게

무거움이 종일

너의 마음에

위태롭게 달릴 텐데

꿋꿋하게

잘도

피었구나

기도
―장항감리교회

새벽 신작로
총총 걸어

차가운 예배당 바닥에
무릎을 꿇고

배부르게 해주세요
부자 되게 해주세요

울며불며 떼쓰던
어린애 하나

고아라 여기셨는지
그분이
내 아버지 되셨네

ESSAY

고추장

설 명절을 시골집에서 보내고 집으로 돌아오려는 새벽녘에 고모는 반찬이며 과일이며 이것저것 싸기 시작했다.
"고추장 남았어?"
"…"
"싸줘?"
나는 담근 고추장을 보면 목이 멘다. 당신이 간암이라는 것을 아시자마자 할머니는 고추장을 담그셨다. 굵은소금을 뿌려두는 이유도 설명해 주시고 해가 좋은 날엔 뚜껑을 열어두라고 일러주셨다. 곰팡이가 생겨도 괜찮으니 그쪽은 주걱으로 젖혀두고 속에 장을 떠먹고 다시 덮으라고도 말씀하셨다. 내 몸집만한 항아리에 고추장을 한가득 담가 두시고 이걸 언제까지 먹을 수 있을까 걱정하셨었다.

그런데 나는 그 고추장을 먹지 못했다. 할머니가 돌아가시고 나서 할머니가 하셨던 말씀이 문득 떠오른 볕이 좋은 어느 날, 뚜껑을 열어두고 학교에 간 사이 늦가을 소나기가 고추장 항아리 안에 차고 넘쳤기 때문이었다. 그날 뒤꼍 장독대 위에서 고추장 항아리를 안고 얼마나 울었는지 모른다. 지금이라면 핸드폰 네이버에 날씨예보라도 있었겠지만, 그 시절 그 동네에 신형 무선전화기가 있는 집도 드물었으니 말이다.

할머니가 아프시기 전엔 이것저것 알려주시면 그저 귀찮고 성가실 뿐이었는데, 암이라는 병이 뭔지도 몰랐던 그때 할머니를 따라 병원에 다니면서 당신의 죽음보다는 손녀딸들 먹고 살 걱정에 내가 죽으면 안 된다고 하셨던 그 말씀이 가슴에 가시가 되어 고추장 항아리 앞에서는 어쩌나 열심히 할머니의 말을 들었었던지...

손녀딸 둘을 키우며 살았던 우리 할머니는 근처에서 살던 사위가 살뜰히 챙기며 살았었다. 할머니는 고추장에 굵은소금을 뿌리시며 몇 가지 더 당부를 하셨는데, 그중 하나가 이 다음에 어른이 되면 고모부한테 효도해 달라는 말씀이셨다. 나는 지금도 그 유언 같은 말씀을 지키지 못하고 있다.

조카들을 챙겨준 고마움보단 할머니를 살뜰하게 보살펴 주신 것에 대한 감사한 마음이 더 큰 것뿐인데, 일 년에 한두 번 그것도 돈 십만 원 봉투에 담아 드리는 것이 고작인데, 편히 받지 못하시는 고모부를 보면 죄송한 마음이 더 커지기만 한다.

고모가 고추장을 담그는 날이면 고모부가 옆에서 고모의 잔심부름을 얼마나 할지는 말하지 않아도 보이는 듯하다. 나는 이제 할머니의 고추장 대신 할머니가 효도해야 한다고 당부하셨던 고모부의 고추장을 먹고 있는 셈이다. 사실은 몇 해 전에 퍼 온 고추장도 다 먹지 못했다. 집에서 담근 고추장만 보면 할머니 생각에 고추장 뚜껑을 열 때마다 사무치는 설움을 주체할 수가 없기 때문이다. 할머니가 돌아가시고 두 달도 채 안 되었던 그날 그렇게 울었던 것은 고추장이 아까워서라기보다 할머니가 그리워서가 아니었을까.